江差線

渡島当別～釜谷間（平成16年）

五稜郭駅（平成25年）

さよなら
江差線

さよなら江差線編集委員会編

T.H

北海道新聞社

渡島鶴岡～木古内(平成 25 年)

T.H

湯ノ岱～宮越（平成23年）

Y.M

宮越～湯ノ岱（平成 25 年）

T.H

湯ノ岱駅（平成 23 年）

Y.M

江差～上ノ国(平成 25 年)

Y.M

湯ノ岱～宮越(平成 25 年)

T.H

はじめに

江差線が終着江差駅まで全線開通したのは昭和11（1936）年11月10日でした。

江差線の歴史をたどれば、大正2（1913）年に上磯軽便線（上磯駅）が開通、昭和5（1930）年に上磯線が木古内駅まで延伸開通、昭和10（1935）年に湯ノ岱駅までが延伸開通、そして翌年江差駅まで延伸し、全線開通となりました。

桧山西海岸地方にとって江差線開通は地域再生の命運がかかっていました。沿線の木古内、上ノ国、江差はもとより、旧泊、厚沢部、乙部、旧熊石、さらに離島奥尻まで、地方に欠かせない交通、輸送の役割を担いました。

明治の末からニシン漁に見放され、さらに日本海航路が、明治近代化の鉄路によってその経済主力を失って以来、函館本線の開通から32年を経て開通した江差線には、不振挽回の悲願がかかっていました。開通によって江差線が地域の足となり、生産物輸送の主役として活躍したことは言うまでもありません。

通勤、通学から出稼ぎ、出征、そして戦後の時代を生き抜いた買出人、集団就職に巣立つ若者など、沿線で列車を利用しない人はいなかったでしょう。

函館を発車した列車が木古内の峠を越え、上ノ国天の川平野を経て、やがて日本海が車窓にキラキラ映えて終着駅にたどり着く感動は、住民すべての共感だったろう。江差駅に追分メロディーが流れ、終着の旅情に浸った時期も今はなつかしい。

列島改造という経済政策によって交通手段が移り変わり、やがて国鉄からJRへと企業経営の変革が、地方路線の運行を阻み、江差線もその役割を終えることになりました。

本誌「さよなら江差線」では、沿線地域代表の編集委員が江差線沿線の歴史風土、文化、生活を、写真や文章で表現しております。

江差線は地域とともに歩み、人と物を運びそして地域の心をつないできました。この本が鉄路に刻まれた文化を後世に語り継ぐ役割を担うことを願っております。

さよなら江差線編集委員会を代表して　**松村　隆**

江差〜上ノ国（平成25年）

さよなら江差線　目次

T.H

第1章　さよなら江差線　最後の一日

JR 江差線木古内—江差間（42・1キロ）が平成26（2014）年５月11日、江差駅午後10時７分着の最終列車（３両編成）で運行を終え、昭和11（1936）年の全線開通から78年の歴史に幕を閉じた。沿線の３駅ではお別れセレモニーが行われ、多くの地域住民や鉄道ファンが別れを惜しんだ。

JR 北海道の路線廃止は平成７（1995）年の深名線（深川—名寄間、121・8キロ）以来19年ぶり。セレモニーは木古内、湯ノ岱、江差の各駅で行われた。江差駅では JR 北海道の島田修社長が「（同区間の）営業運転は終わるが、北海道新幹線開業が間近で今後も道南の観光振興をお手伝いしたい」とあいさつ。浜谷一治江差町長は「廃止は断腸の思いで名残惜しい」と述べた。

この後、午後１時すぎに函館発の普通列車（３両編成）が到着すると、ホームを埋め尽くした人たちが一斉にカメラのシャッターを切った。八谷敏明運転士と下里聡江差駅長には花束が贈られた。200人を超える満員状態の折り返し便には一日駅長の同町のキャラクター「しげっち」がホームで出発の合図を送った。

最終列車はホームを埋め尽くすほどの町民に出迎えられた。駆けつけた町民たちは、手にしたペンライトや小旗を振って近づいてくる列車を見守り、到着すると一斉に拍手して最後の運行を締めくくった。

最終列車が回送となり、江差駅を離れた後、下里聡駅長がホームで「全国からたくさんの人が来てくれて感謝しています」とあいさつ。最後を見届けた町民らは駅長を胴上げし、多くの乗客で沸いた一日を締めくくった。

同区間は渡島西部と檜山南部の山間部を通過する路線。沿線では大勢の写真愛好者たちが最後の勇姿を捉えようとカメラを構えた。江差駅前では終日イベントが行われ、かつての駅周辺の活気を演出した。

木古内—江差間は、沿線の過疎化で乗客の減少が止まらず、廃止が決まった。江差線の残る五稜郭—木古内間は運行を続ける。平成28（2016）年３月に予定される北海道新幹線の開業に伴い、JR 北海道から経営分離され、第三セクター鉄道が運行する予定になっている。

湯ノ岱駅

最終日ドキュメント

午前６：３０　江差駅ホームが始発列車に乗車する人たちで混雑

６：４３　木古内発江差行きの１番列車が発車

６：４４　江差駅から始発が発車。ホームでは町職員らが横断幕と旗で見送り

７：１５　江差発の始発が湯ノ岱駅到着。単線上での正面衝突を防ぐため、駅員が江差方面への通行許可証「スタフ」を運転士から受け取る・・・①

７：１８　木古内発の始発が湯ノ岱駅到着。駅員がスタフを運転士に渡す

①湯ノ岱駅ですれ違う上下列車。単線区間での列車の通行許可証「スタフ」を運転士に渡す駅員

7：45　江差町陣屋町・海岸町の山車「松宝丸」が江差駅前のイベント会場に到着

7：50　木古内発の始発が江差駅到着。横断幕、旗の出迎えのほか、江差町のキャラクター「しげっち」も登場

8：15　江差駅前のイベント会場の準備が整い営業を始める屋台も

11：20　木古内駅前でお別れセレモニー開始

11：48　木古内駅ホームでJR北海道の須田征男会長、大森伊佐緒木古内町長らが江差行きのセレモニー列車を見送る・・・②

11：52　木古内町の渡島鶴岡駅で町民有志ら約200人が大漁旗を振って列車を見送る・・・③

12：10　湯ノ岱駅でセレモニー開始

12：30　上ノ国町観光キャラクター「カミゴン」の出発合図でセレモニー列車が湯ノ岱駅を発車・・・④

②木古内町のキャラクター「キーコ」の出発合図を受け、ごった返す木古内駅のホームを出発するセレモニー列車。「さようなら江差線」のヘッドマークを掲げた3両編成のセレモニー列車は、函館駅を午前10時27分に出発。約150人の乗客を乗せて木古内駅に到着すると、さらに約50人が乗り込み、ほぼ満員状態となった

③渡島鶴岡駅では色鮮やかな大漁旗を振って列車を見送った

④大勢の人に見送られ、セレモニー列車が湯ノ岱駅を発車

⑤セレモニー列車が江差駅に到着

12：40　江差駅でお別れセレモニー開始
13：05　セレモニー列車が江差駅に到着・・・⑤
13：17　JR北海道の島田修社長らに見送られ、セレモニー列車が江差駅を出発。ホームに「ほたるの光」流れる・・・⑥
14：25　江差駅に臨時列車到着。江差の郷土芸能、江差餅つき囃子披露
16：00　江差町の歴まち商店街協同組合がチンドン行列で到着列車を出迎え
19：12　江差発の最終列車が出発。町民が横断幕などを掲げて見送り・・・⑦
20：45　函館発の最終列車が木古内駅を出発
20：55　渡島鶴岡駅で町職員ら約50人がペンライトを手に最終列車を見送る
22：07　木古内発の最終列車が江差駅に到着。浜谷一治江差町長や町民が盛大に出迎え・・・⑧⑨
22：22　回送列車が江差駅を出発。78年の歴史に幕を閉じる・・・⑩⑪⑫

⑥ホームに「ほたるの光」流れるなか、セレモニー列車が江差駅を出発

⑦江差発函館行きの最終列車が出発する

⑧大勢の人たちが待つ江差駅のホームに最終列車が到着

⑨江差駅では横断幕を掲げるなどして最終列車を出迎えた

⑩下里聡江差駅長や江差のキャラクター「しげっち」たちが回送列車を見送る。「お疲れさま」「ありがとう」と声を掛ける鉄道ファンの姿も

⑪江差駅から離れていく回送列車を写真に収める子どもたち

⑫函館へ向かう回送列車

沿線スケッチ

江差線廃線を伝える北海道新聞の号外「ありがとう江差線」を手にとる人たち

江差駅前には、370 年の歴史を誇る姥神大神宮渡御祭の山車「松宝丸」が展示された。笛や太鼓が鳴り響き、朝から祭りのようなにぎわいに包まれた

江差駅前で行われたセレモニーでは、最後に JR 北海道社長、江差町長らによる餅まきが行われた

江差駅では町職員が「ありがとう江差線」と書かれたTシャツ姿で乗客を迎えた

上ノ国駅では、上ノ国鼓友会のメンバーたちが和太鼓で列車を見送った

小旗を振り、江差駅を出る列車を見送る人たち

江差駅で小旗を振る子ども

「ありがとう、さようなら江差線」と書かれた特製手拭いを広げて記念写真に応じるJRの職員

上ノ国駅で見送る人たち

湯ノ岱駅で見送る「上ノ国町ウォーキングクラブ」のメンバー

空撮風景

木古内駅上空

渡島鶴岡駅上空

江差駅上空

江差～上ノ国上空

宮越～湯ノ岱上空

第2章　江差線の歴史

木村裕俊

1　上磯線の開業

江差線の歴史は、大正２（1913）年に五稜郭駅〜上磯駅間に開業した上磯軽便線に始まる。上磯軽便線は「軽便鉄道法」によって計画された軽便鉄道である。軽便鉄道とは通常、一般の鉄道より低規格の鉄道のことを言う。曲線や勾配の地形的制約があるため、軽量のレールを使用し、運行速度や輸送量にも制限が多い。

当時の鉄道院（鉄道省・国鉄の前身）は、「鉄道敷設法」に基づいて線路を建設してきたが、明治後年のころになると同法による予定線が幹線鉄道に偏り、地方小路線は全くの手つかずとなり、空白状態となったため、地方住民からは不満の声が高まった。そこで政府は「鉄道敷設法」の法解釈を拡げ、高規格を必要としない路線に「軽便鉄道法」を適用し、路線の拡充を行った。こうした手法は、「軽便鉄道法」を施行した明治44（1911）年ころから鉄道敷設法が改正される大正11（1922）年ころまで続けられた。

上磯軽便線の鉄道敷設は、第28議会の協賛を経て決定された。明治44（1911）年12月に初めて踏査・測量に着手し、工事は大正元（1912）年10月に起工して10ヶ月の工期でしゅん工した。大正２（1913）年９月に五稜郭駅〜上磯駅間が開業した。上磯軽便線に当初から設置された駅は、久根別駅と上磯駅である。

完成した「上磯軽便線」は、五稜郭駅を起点として上磯郡上磯村（当時）に至る9.3km（工事キロ程、営業キロ程は8.8km）に敷設された。線路は、五稜郭駅を出て左に曲がって田んぼの中を通過して、江差街道を横断し、常盤川を渡り左折して6.4kmで有川の南端である久根別駅に達する。続いて大野街

上磯町久根別川の鉄橋を渡る列車（大正15年ころ）　N.M

函館毎日新聞

紀元二千五百七十三年癸丑
西暦一千九百十三年
大祭日夕刊及(翌日)朝刊
月曜日朝刊休刊
函館區宮岡町五番地 發行所 函館毎日新聞社
發行兼編輯人 出町二三男
印刷人 高野圓平
●新聞代一部金貳錢○市内一ヶ月金卅八錢市外一ヶ月郵税共前金四十八錢仝三ヶ月金一圓卅八錢仝六ヶ月貳圓七十錢仝一ヶ年金五圓卅錢●廣告料一面五十五錢二面四十五錢三面卅五錢

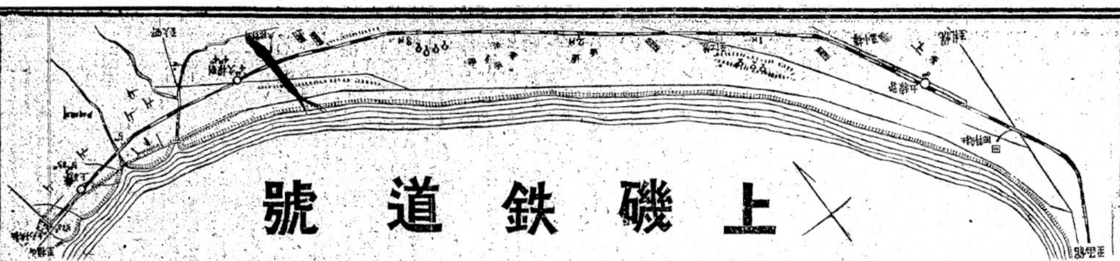

上磯鉄道號

時論 上磯鐵道の開通を祝す

上磯鐵道は愈本日を以て開業するに至れり、該鐵道は五稜郭停車場より上磯郡上磯村に至る五哩六十三鎖二十九節八の短距離間に敷設せられたるものにして、其建設費も僅かに十六万圓に充たず、今や本道の鐵道敷設事業は、未だ充分の進捗を見るに至らずと雖も、近く一千哩を超過せんとするに於て、五哩内外の本鐵道の如きは、未だ本道大局の上に何等の消長を感ぜざるが如しと雖も、然かも決して輕々視すべきものに非ず、抑も該鐵道敷設の由來に顧るに、明治四十三年法律第五十七號を以て發布されたる輕便鐵道法に基き、二十八議會の協賛を經て敷設することゝなりたるものにて、彼の既に開業を見るに至れる岩内鐵道と共に、本道に於ける輕便鐵道敷設の先驅をなせるものなり、即ち輕便式速成を主とする本道鐵道敷設の大方針の上より觀察し來るときは、單に本道鐵道史の上より見るも特筆すべきものたるを失はず、殊に之を我函館地方の關係より考察し來る時は、其の價値の極めて重且つ大なるものあり、見よ同線の終點たる上磯村には、資金七十二萬圓、生産力百萬圓を超過する北海道セメント會社の存するあり、之を我函館地方に於る工業生産額に見るに函館區及函館支廳管内を通じてその生産額三百萬圓内外に過ぎざるに於て、既にセメント會社が、一會社の力を以て能くその三分の一の生産額を有すとせば、之れ實に我函館地方に於る工業を代表するものと謂ふべきなり、果して然らはこの代表的大工場の爲めに、之に對する交通機關を設備するは、最もその當を得たるものにして、確かに斯業奬勵の一助となるべきや論なし、翻って之を渡島開發問題の上より見るに、その第一策としては、先づ交通機關の設備より急なるはなく、而して交通機關の設備は先づ渡島半島の要地を貫通する鐵道を敷設するより急なるはなし、彼の夙に唱導されたる江差鐵道の如き、將た松前鐵道の如き、畢竟この見地に發生せるものなりとす、然るに上磯鐵道は以上二大鐵道の發足點たるものにして、或る意味よりすれば、江差松前の兩鐵道か既にその一部の竣工を見たるものと謂ふも不可あるなけん、觀察し來れば本鐵道の價値や鮮少ならずと謂ふべく、今や之が開通を見るに至れば洵に當地方經濟界の爲め、渡島半島開發の爲めに、一大白を擧げて慶賀すべきものたらずんばあらず、吾人は茲に所感の一端を述べて本道の前途を祝福すると共に、本鐵道敷設の爲めに配慮されたる當局有志の厚意を感謝するものなり。

上磯線建設概要

明治四十三年四月二十日法律第五十七號を以て輕便鐵道法を發布せられ五稜郭上磯間の鐵道は第二十八議會の協賛を經て茲に敷設することゝなり四十四年十二月始めて測量に着手せり

▲線路の方向及地勢　本線路は渡島國龜田郡五稜郭停車場構内函館本線二哩十一鎖に起り左曲して田甫中を通過し江差街道を横斷し常盤川を渡り更に左折し四哩四鎖に至り有川村の南端久根別乗降場に達し大野街道を横切り久根川を渡り四度左曲して戸切地川を渡り上磯停車場に至る此總延長五哩六十三鎖二十九節八とす又線路の最急勾配は百分の一曲線の最小半徑は二十鎖なりとす

▲本線建設費概算

建設費概算

總額は一五四、九三四圓二四九にして今之れを本線總延長五哩六十三鎖二十九節八に割當れば一哩の建設費金二六、七五三圓二七七に當れり

俸給及諸費	三、六一七、九六一
土木費	三二、八二四、五六八
溝橋費	七二七、〇〇〇
軌道費	五〇、七七八、七三八
諸建物費	三、八五七、四二〇
建築列車費	一、四〇〇、〇〇〇
柵垣及境界杭費	一六七、六〇〇
用地費	六、〇九五、六八〇
橋梁費	三一、三〇九、四一一
伏樋費	一、六七〇、二〇〇
停車場費	一二、七一九、四六一
運送費	七、一五八、三三〇
建築用具費	一六三、八八〇
電氣費	二、四四四、〇〇〇

▲工事概況　五稜郭上磯間全線の工事を二工區に分ち五稜郭停車場構内より四哩六十鎖迄を一工區とし又同個所より終點迄を二工區となし施工せり而して第一工區は札幌伊藤鑑太郎氏第二工區は函館竹内新太郎氏請負ひ前者は六月二十日後者は七月二十三日工事引渡を了せり引續き軌道敷設に着手し今回其工を了へ茲に開通を見るに至れり又本工事施行の主なる工種別左の如し

△土工盛土一萬一千百六十七立坪△切取七十八立坪△溝橋延長二十八呎△下水千八百十六呎△橋梁延長八百四十八呎一吋△踏切十九個所▲用地本線路及停車場用地種別を擧くれば左の如し△民有地三萬八千九百八十七坪△官有地九百七十五坪△堤防地七百八十五坪△道路敷地一千百九十五坪△附換道路用民有地一千五百三十一坪

上磯鐵道所感

函館運輸事務所長　廣瀬孝作

十五日を以て愈々上磯線の開通式を擧げ列車の運轉を見るに至れるは渡島開發の前提として吾人の最も欣喜に堪へざる所なり

凡そ鐵道の新たに敷設せらるゝに當りては世間往々故らに其聲を大にして沿道の地價を昂め其間に乘じて一攫千金を貪らんとする所謂投機者流の運動屋なるものなきにしもあらずと雖も常に國家を念として公益を增進せんとする國士に在ては寢食を忘れ斡旋奔走至らざるなきなり此の如きものは實に渡島鐵道開展の後援者として吾人か大に歡迎して止まざる所以なり

回顧すれば明治四十三年時の工務課長大村技師及び神谷函館保線事務所長と共に上磯村字谷好地方を跋渉せる際會社を觀察し談偶セメントの原資料たる礦石々灰並に製造品の販路等將來發展に伴ふ輸送の便否より上磯鐵道敷設に言及したるは抑も此の線の敷設さるべき誘因とも見るべく其後大村技師より發議時の野村局長に提案せるに創めて四十四年第二十八回帝國議會の協賛を經具体的踏査の結果客年十月十三日を以て起工月を閲すること十ケ月工費(用地費を除き)約十四萬九千圓を要し以て今回の竣工を見るに至る其間セメント會社の阿部興人氏當區代議士遠藤吉平氏等地方有力者の斡旋援助與て力あるは大に多とする所なり夫れ斯の如くして渡島開發の鐵道は僅かに上磯線に依りて其序幕を開けり今より後之を利用して益々交通機關の發達を計り着々として當初の目的に向て進捗するは獨り吾人鐵道從事員の責のみにあらず實に地方人士の責任なり青年の有志諸君宜しく自から國士を以て任じ國家公益の爲め大に地方士民を皷舞激勵して渡島鐵道開展に斡旋盡力を惜むなくば幸なり敢て一言す

上磯線に就て

函館保線事務所長　神谷秀吉

上磯線は輕便鐵道である、輕便鐵道と云ても總てのもの輕便に出來て居ると云ふ譯でもない、即ち輕便鐵道と云へば、鐵道建設規程に悉く準據せねばならぬと云ふ事なく建設せられだるものと考へてよかろう夫れ故に函樽間線路の如きものと比較して却て優る處もある函樽間にては十鎖の如き短半徑の曲線もあるが、上磯線にては二十鎖か最短半徑の曲線となつて居つて、夫れより短き半徑の曲線はない、又勾配に於ても函樽間に於ては五十分の一と云ふ急勾配が長距離續いて五六ケ所もあるが上磯線にては百分の一が最急勾配となつて居つて、夫れも橋梁の前後幾かの距離にあつて、他は五百五十分の一とか六百六十分の一とか又は八百八十分の一とか云ふ殆んど水平に近い勾配である、曲線及び勾配は線路敷設上最も考究すべき問題であつて、之れが機關車の索引車數に大變關係するものである同じ機關車を使用しても函樽間よりは多くの車輛を索引する事が出來る譯である、之は上磯線の他に比して優る點である。

軌條は九州線より取外したる平底鋼五十封度を用ゐ、施工基面と軌條面との差は一呎三吋、砂利は一鎖に付約二立坪三合、施工基面の幅員は十四呎、橋梁及溝橋は橋合橋脚共總て木造杭打とす、橋梁は門司、六郷川信越線神川より撤去した鐵桁を、又溝橋は楢の木桁を架渡して居る上磯停車場は停車場定規五等甲に準據して、貨物線一條轉車臺直徑四十五呎を設備し、五稜郭上磯間列車運轉は幹線と同樣に閉塞式に據り、五稜郭停車場連絡にて列車運轉保安上轉轍器と信號機に最新式の聯動設備を施して居る、五稜郭、上磯間四哩四鎖八節の留所に久根別假停車場を置き大野街道から來る農産物及其附近の乘客を取扱ふ事になつて居る、之れには一條の側線があつて、常時は鎖錠せられ居るも、上磯又は五稜郭のタブレットによりて解錠せらるゝゆゑ、貨物のあるときは空車を其線に入れ置き、滿載せらるゝを待つて目的驛に運搬する事が出來る、又乘客は暫時待合室に列車の來るを待ち合せ、乘車して後切符を買ふ樣になつて居るから頗る便利であろうと思はれる。

以上は上磯線の建設概要であるが、將來該線が發展すれば久根別假停車場は本停車場に改築する必要も起るであろう、又有川戸切地川橋梁其他の木造を煉瓦造り又は石造に改築する必要も起るであろう併し向後十年や十五年の發展には、現在の設備にて差支はない又建造物の保存年限も十年や十五年位は充分であるゆゑ、改築の必要はないと思はれる。

本日より開業の上磯停車場

上磯鐵道の開通

河毛支廳長談

上磯鐵道開通に就き河毛支廳長の談話されたるもの左の如し(文責在記者)

上磯鐵道は本線からの分岐線で、今回始めて開通される事になつた、此の分岐鐵道に就きては久しき以前よりセメント會社は主動となつて阿部社長や上磯村會では請願建議等非常に苦心して運動した結果出來上がつたものであつて、會社の經營ではないが、殆ど會社の專用鐵道といつても好い位である、併し鐵道院でも只會社の便利を計る爲めに敷設したものでなく、此の鐵道に就いて收支償ふだけの見込があるからで、鐵道の方にも好都合であろう、現に會社の製造高から見ても百万圓以上の生産高に上つて居るし、石炭も一万噸以上を消費するとせば之等を合して百十萬圓以上である、距離は僅に五哩に過ぎぬが相當の利益を得らるゝことは疑ふべからざる事實である、殊に上磯村は附近では有數の大村である、相當の資力も充實して居るから農業水産物の輸出と日用品の輸入とを合すれば如何に少額に見積つても約三十萬圓以上に達するから此の鐵道に依る所の貨物は約百五十萬圓位である且谷好村の如きは戸數も日増に增加する勢を示して居るから此の鐵道は上磯だけでも有利であるといはねばならぬのに、予の見る所では此の線路は單に上磯だけに止まるべきものでないと思ふ函館灣を廻りて循環鐵道にする基本線であるまいかとも思ふ、或は延長して江差、福山に至るやも知れず、實は此の鐵道は輕便鐵道といふ名稱であるが、鐵道法に適合せぬ所がある爲めで、內地で見るが如き輕便鐵道ではない、立派な鐵道であるから或は之を根本線として將來江差、福山に延長さるゝ運命になつて居るのだろうとも思ふ、若し江差、福山に延長さるれば、此間の拓殖の進歩は非常なもので國益を增進する事は夥しいのであるから、財政上急には布設するゝ事は能はずとするも、將來永く閑却さるゝものではない、迚ても上磯を終點として完全だものともいへぬし勿論滿足する事は出來ない、國防上からいつても第一津輕海峽には鐵道がなくてはならぬ、少くも首汐邊より福山まで一周する位の鐵道である、將來の事は暫く置き既設の鐵道に就きて言つても此の開通の爲めに有川から黑森に亘れる一帶の原野は著しく開發さるゝであろう、從來は砂地であるとか、水害地であるとか種々の原因に依つて世人に委棄せられて居りしならんも鐵道開通の上は此の附近は絶好の別莊地ともなろうし又工場の適地ともなるだろう、聞く所によれば此の附近に曾つて硫黄の精煉所もあつたさうであるが、工場地としては、實に無類の所である、前に棧橋を築けば、運送船は横付けになつて荷物の揚卸に便利である、材料は汽車にて運べるといふ實に申分のない工場地である、函館の發展は上磯、龜田、湯川の三方面に分れて居るが現今の處では有川より黑森までの方面ほど有望な處はないだろうと思ふ、今でこそ荒蕪に委せられて居るが將來都人士が田園生活を好むに至るは必然の事にしてかゝる趨勢と欲求を充たすには上磯附近は頗る好適地である樹木がないのは缺點であるが、之れも植樹の事に注意せば生育しない事はない、兎に角此鐵道開通の爲めに函館の人士にも上磯の村民にも日常生活の狀態に變動を生ずべきことは明かである或は上磯村民の爲めには都會風に侵害されて惡しき傾向生ずる憂なきにあらざるも是れ時勢上止むを得ぬ處なれば先輩者の留意一番すべき所であるだろうと思ふ何の方面より觀察するも上磯村の爲めには至便なるのみならず大野村の約大半の產物は此の鐵道を利用するだろうから、鐵道院の爲めにもよし會社の爲にも村民の爲めにも大に仕合である只村民は如何にして尤も有利に此の鐵道を利用すべきかを顧慮することを忘れてはならぬと思ふ

▲臨時發刊　本日は日曜日の翌日に付き規定通り朝刊は發刊せざる筈なるも上磯鐵道の開通を祝する爲め特に六頁臨時發刊せり

大正２年９月15日　函館毎日新聞朝刊

道を横切り、久根別川を渡って四度曲がると、戸切地川を渡り上磯駅に至る。総延長が9.3kmである。線路の最急勾配は百分の一（10パーミル）、曲線の最小半径は400mである。

当時の新聞は「上磯線開通の意義を函館支庁全体として考えると、大変大きいものがある」と大きく報じている。また、上磯線開通の意義について、第一点として上磯村（当時）にある北海道セメント会社の存在をあげている。当時このセメント会社一社で、函館支庁全体の工業生産額の３分の１を占めていた。この大工場のために交通機関を設備することは、今後の事業の発展に大いに寄与できるだろうとしている。第二点としては、渡島半島全体の開発と交通機関整備の充実が、経済発展の急務だとしている。渡島半島の要所を通す鉄道、とりわけ「江差線」と「松前線」の整備が急務であるとし、この両鉄道の出発点が上磯軽便線であり、今回の開業であると高らかに宣言している。

その後、大正11（1922）年に鉄道敷設法が改正された。この法律は一般に「改正鉄道敷設法」と呼ばれ、さっそく江差線、松前線の建設が追加された。

「鉄道敷設法」とは、国が建設すべき鉄道の路線を定めた法律である。最初は明治25（1892）年に制定され、これを通称「旧法」といっていた。江差線は大正11（1922）年の「改正鉄道敷設法」の別表第一二九号に「渡島国上磯ヨリ木古内ヲ経テ江差ニ至ル鉄道及木古内ヨリ分岐シテ大島ニ至ル鉄道」と定められている。なおこの項の後段は、松前線のことである。

大正11（1922）年９月の改正鉄道敷設法の施行により、「江差に至る鉄道」が工事予定線に格上げされ、線名も「上磯軽便線」から「上磯線」へと改められた。

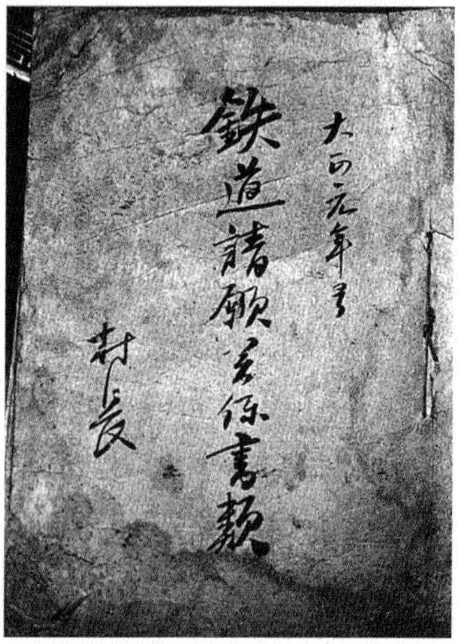

鉄道請願関係書類
（大正元年）
上磯町史

開業時の上磯駅（大正２年）

上磯町史写真集「道程」

北海タイムス

上磯線の開通

函館本線上磯支線の軽便鐵道は愈よ本日より開業せられ、巴湾水清き目睫の對岸長蛇蜿蜒として煙りを吐くもの當に函館港の景物のみならず、寔に渡島半島一角の發展曙光として迎ふべき美觀也、抑も當支線の上磯セメント會社側及び函館區有志に依て熱望せられたるは去る明治四十一年頃なりき、然るに爾來僅に五箇年有餘にして今日既に開業の曉を見たるは其地理上設計費の多額を要せざると工事の極めて平易なるに由りしとは言へ、又以て如何に同線の貫徑上有望視せられたるかを知るべく、同時に附近諸村民の如何に快感を買へるかを察すべきなり。

由來當支線の必要を感じたるは上磯なる北海道セメント株式會社なりとす、同社は人も知る如く其製造に係るセメント一ケ年の産額は二萬三四千噸に達し、之が製造に要する石炭も又二萬噸の巨額に上り加ふるに木材等の需用頗ぶる多きを以て是等産出物の輸出及び需用品の輸入に對し出來得る限りの利便策出に苦心するや一朝夕に非ず、左れど從來之が輸出入の道としては函館との間に海運を利用し居るも上磯には完全なる防波堤なきのみならず、海上は風波常に猛烈の虞れありて不便を感ずる事大方ならざりしもの即ち鐵道設計に向つて滿腔の努力を餘儀無くせしめたる所以なり。

幸ひにして其後本道交通機關速成の一便法として輕鐵敷設の計畫官民間に唱道せられ、其結果上磯線の開通を促進せしむる好機を生じ四十二年其緒に就きし以來着々工を運び、昨年十一月輕鐵の先驅として岩内湧別兩線の開通を見、茲に上磯線の開通をも見るに至りしにて、之が熱望發企者たる北海道セメント會社の滿足は言ふ迄も無く、同附近地方産業上非常の發展を促進すべき好機關を得たるものとして吾人の慶賀する所なり。

思ふに上磯地方は一帶の平野なるが上に土地肥沃を以て聞え、傍近諸村の農産物又甚だ豐饒なるも今日迄は陸路不完全なる爲車に依りて函館に運搬し來りしなり、今や一朝天來的の機關を得僅々半時間にして函館に搬出するの利便を得たるは寔に夢の如き心地すらむ、聞く上磯地方は産物豐饒の外風光明媚を以て知られ當時函館の五稜郭と對して此地に戸切地陣屋の存するありと、果して然らば本道又一の遊覽地を得たるものと言ふべく、加ふるに上磯線の竣成は近き將來に於ける江差交通の輕鐵速成を促すべき先導者たりと言へば益々以て當支線の開通に多くの望みを嘱せざる可らず。

●上《かみ》磯《いそ》線《せん》本《ほん》日《じつ》開《かい》通《つう》

▽該《がい》線《せん》建《けん》設《せつ》概《がい》要《よう》

函館線上磯軽便鐵道は愈よ本日より開通することゝなれり今北海道鐵道管理局に就き同鐵道の建設概要を聞くに左の如し

▲沿革 明治四十三年四月二十日法律第五十七號を以て軽便鐵道法を發布せられ五稜郭上磯間の鐵道は第二十八議會の協贊を經て茲に敷設することゝなり明治四十四年十二月始めて測量に着手せり

▲線路の方向及地勢 本線路は渡島國龜田郡五稜郭停車場構内函館本線二哩十一鎖に起り左曲して田園中を通過し江差街道を横斷し常盤川を渡り更に左折し四哩四鎖に至り有川村の南端を渡り四度左曲して戸切地川を渡り上磯停車場に至る此總延長五哩六十三鎖二十九節八とす又線路の最急勾配は百分の一曲線の最少半徑は二十鎖なりとす

▲本線建設費概算 建設費總額は一五四、九三四圓二四九にして今之れを本線總延長五哩六十三鎖二十九節八に割當れは一哩の建設費金二六、七五三圓二七七に當れり

一俸給及諸費三、六一七、九六一　一土工費三二、八二四、五六八　一溝橋費七二七、〇〇〇　一軌道費五〇、七七八、七三八　一諸建物費三、八五七、四二〇　一建築列車費一、四〇〇、〇〇〇　一柵垣及境界標費一六七、六〇〇　一用地費六、〇九五、六八〇　一橋梁費三一、三〇九、四一一　一伏樋費一、六七〇、二〇〇　一停車場費二二、七一九、四六一　一運送費七、一五八、三三〇　一建築用具費一六三、八八〇　一電線費二、四四四、〇〇〇

▲工事概況 五稜郭上磯間全線の工事を二工區に分ち五稜郭停車場構内より四哩六十鎖迄を一工區とし又同個所より終點迄を二工區となし施工せり而して第一工區は札幌伊藤龜太郎氏第二工區は函館竹内新太郎氏請負ひ前者は六月二十日後者は七月二十三日工事引渡を了せり引續き軌道敷設に着手し今回其工を了へ茲に開通を見るに至れり

▲工種別 本工事の主なる工種別左の如し

一土工盛土一万一千百六十七立坪　一切取七十八立坪　一暗渠延長八百四十八呎一吋　一溝橋延長二十八呎　一下水延長千八百七十六呎　一踏切十九個所

一用地本線路及停車場用地種別を擧ぐれば左の如し

一民有地一万八千九百八十七坪　一道路敷地一千百九十五坪　一附換道路用民有地一千五百三十一坪　一官有地九百七十五坪　一堤防地七百八十五坪

▲停車場 停車場は三ケ所なり曰く
五稜郭驛　久根別驛　上磯驛

▽上《かみ》磯《いそ》線《せん》と上《かみ》磯《いそ》（豐富なる附近の産物）

別項の如く上磯線は愈々今十五日より開業せらるゝが本線の敷設の目的地たる上磯村の沿革及び現状を記述するは無益の事に屬せざるべく則ち記者が同村長中島有隣君其他有志に就き聞き得たる所を左に掲ぐることゝせん（函館支局）

▲上磯村の位置 上磯村は函館支廳管内龜田郡の函館灣に接する一部を占め札幌を距る百八十三哩函館を距る七哩の地點に位ひし戸數一千五百六十三、人口一万七百七十三を有する郡内屈指の富村なり

▲上磯村の沿革 同村は文和年間旧文太郎なるもの始めて同志數名と共に移住して漁業に從事せしが寛政の頃松前藩の領有となり其後幕府の直轄として龜田奉行の配下に屬したるが文久慶應に渉りて農民の移住するもの頗る多く開墾の業大に進めり明治四年開拓使に屬し函館支廳の所管となり同十五年開拓使廢止と共に函館縣に屬し更に同十九年函館縣廢止と同時に北海道廳函館支廳の所管となり同廿二年七月一日を以て一級町村制を施行され以て今日に至る而かも同村は去る明治廿八年十月を以て實に開村五百年祭を擧行せりといふ以て同村が如何に古き歴史を有するかを窺ふに足るべし

▲上磯村の産業 同村一万の住民は主として農業に從事し年々三千五百石の米穀を始めとし大豆、馬鈴薯、蕎麥、燕麥、玉蜀黍、小豆、南瓜、蕪菁、牧草、胡瓜、甘藍、漬菜、胡蘿蔔、牛蒡、菜豆、茄子、菜種等一万二千十七反歩の收穫を有し此金額十四万三千五百五十三圓に達するが故に住民は敢て自己の收穫以外農産物を他地方に仰ぐの要なし農産に次ぐものは水産にして鰊、鮭、鱒、白魚、鰈等の漁獲あり年々約八千圓の收入ありといふ若し夫れ同村の商工業は煉瓦の六千三百圓を除く外片栗粉、石灰、罐詰等の製造なきにあらざるも素より微々たるものなり唯彼の北海道セメント株式會社のセメント製造に至つては其規模の宏大なる其の製産高の豐富なる寔に一驚に値すべし左に略記せん

▲北海セメント 同會社重役に就き同社の現状を聞くに目下職工を使役するもの五百七十五名一年の生産高二十六万三千四百五十六樽此の價格實に一百十萬二千五百十五圓に達すといふ盛況思ふべきなり同社は初め明治二十三年故吉川泰次郎、遠武秀行、平田文右エ門、園田實徳氏等の發企に係り資本金二十万圓を以て組織し社長阿部興人氏專ら經營の衝に當り中澤岩太、高山甚太郎の兩工學博士技術主任となり製造に着手したるが日露戰爭後社運大に進み一躍資本金を七十二万圓に増加し一ケ年約四十万樽製造の方針を確定したり從つて其の需用地の如きは年々擴張し函館、札幌、小樽、岩内、旭川、室蘭、釧路、根室、十勝、留萌の本道各地を始めとし青森、弘前、秋田、能代、土崎、本荘、酒田、鶴岡、新潟、佐渡、新庄、楯岡、山形、米澤、若松、福島、仙臺、盛岡、横須賀、宇都宮、日光、富山、長岡、直江津、臺灣、樺太等の各地に特約販賣店を置きて盛んに營業しつゝあり斯の如き状態なるが故に今回上磯線の延長されたるは同社多年の希望が遂げられたるものにして今後の活躍一層花々しきものあるべく同社の詳細に關しては稿を改めて報道の機會あるべし

▲開通と上磯民

上磯村に關しては以上の外報道すべき事項多々なるべきも紙面に制限あれば暫らく之れを後日に譲るべきが最後に唯一言上磯村民に告げたきは同村民の一部には本線開通と同時に上磯村民が函館に往復するの便を得て從來村内に落ちたる財貨は悉く函館に吸收さるべしと杞憂するものありと聞く嗤ふべきの甚だしきものと言はざるべからず蓋し交通の便に伴ふ村民の活動は五百年來依然として保守主義に落ちたる我上磯村を開發し驚くべき進歩發展

本日開通の上磯線

炭及木材等の輸入移からず之等輸出入總額約五万噸をば從來鐵道の敷設せられざりし頃は自然海運を利用して之等の出入を計らざる可からざりき然ども上磯港は完全なる防波堤を有せず然も風波常に猛烈なる故に然らでだに陸と水とに廢なし上げ下ろしするには極めて不得策なるセメントを此處が函館の倉庫に送るは常に

▲極めて不便 を感ぜしめられ自然當業者間には平坦なる陸の交通機關を應用し之等の運搬を容易ならしめんため鐵道の敷設せらるゝもの…

愈々上磯線の開通となり茲に多年の宿望は成就せられたる也

然に上磯線將來の發展に就いては土地の産業と勿論多大の關係無かる可からず即ちセメント會社より函館に海路送る可きセメント産出物及びセメント製造に要する石炭木材等の輸入にては多大の便益を與へらる可く引いては上磯、與野、有川諸村一帶の平野に滯てる農産物は從來函館との往來を馬車にて爲さざる可からざりしを汽車便にて運搬する事を得るに至り農家の至便も益々甚大なる可し殊に上…

（上圖）上磯停車場

（下圖）有川鐵橋

▽江差輕便線の一部（大村課長の談）

函館本線の支線なる上磯線は愈々今十五日開通式擧行の事に決せるが右に就き北海道局材料課長大村氏の談を聞くに上磯には從來有名なるセメント會社あり其一ケ年に輸出する産額は約二万三四千噸に上り該事業に要する

▲石炭は約二万噸 の多額に達し且又木材等の需要頗る多きを以て…

▲輕便鐵道の敷設

風聞録

讀者倶樂部

大正２年９月15日　北海タイムス朝刊

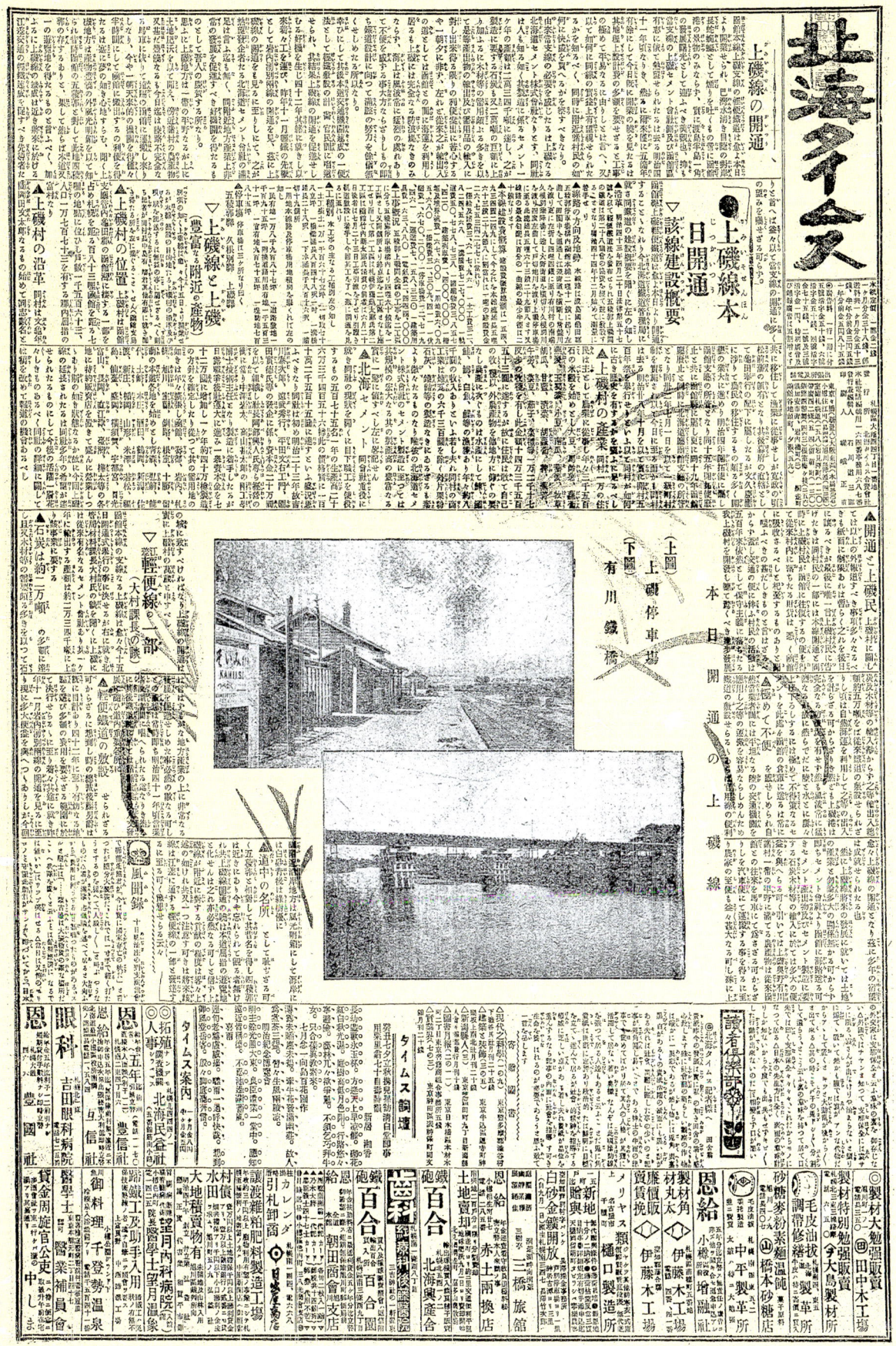

2　木古内線の開通

木古内線は、上磯駅を出て、海岸沿いに茂別村（当時）を経て木古内に至る29km720m（工事キロ程、営業キロ程は29.0km）の路線である。上磯駅から木古内駅に至るこの区間の開業によって木古内線が開通した。この区間は、大正13（1924）年6月に測量に着手し、昭和2（1927）年8月に路線選定を終了した。路盤工事は同年の10月に起工し、これを三工区に分割して工事を開始した。昭和5（1930）年の春に入ってから軌道・停車場・建物・その他の開業施設関連工事を施工して、同年10月に全体しゅん工に至った。

沿線は上磯駅を出て、13km付近までは丘陵が海岸に突出して迫り、護岸を必要とした。またトンネルの工事もあり、その施工には相当の困難を極めた。しかし13km付近を越えて以降は、木古内駅までは概ね平坦地であり、土工量も少なく比較的容易に進捗した。木古内線の停車駅は、茂辺地駅、渡島当別駅、釜谷駅、泉沢駅、札苅駅と木古内駅の六駅を新設した。

木古内線の開業に伴い、鉄道関係者が渡島地方の開発への期待や江差・松前線への今後の動向への期待などを函館日日新聞は以下のように報じている。

「文化の発展や産業の進展というものは、交通機関の完備を得なければ期待しがたいものである。今日、鉄道は陸上交通機関として重要な地位を占めるようになり、この交通機関の連携が発達しているか否かでは、地方開発上大きな差が生れるのである。これまでの渡島半島はこの意味からいうと、鉄道に恵まれない地域であった。いま木古内線の開通を期して、上磯駅～木古内駅間の鉄道29km間の沿線地域のみならず、渡島半島全体にその影響を与えることだろう。一例をあげると、鉄道の無かった頃は商取引の範囲は狭かった。海運の便があったとしても、時間がかかるとか時化のため欠航するなど不便があるばかりではなく、地域的に見ても函館とか青森までがその範囲の限界であった。しかし、鉄道が開通してからは、全国の商取引が容易に出来るようになった。これからは、こうした点を大いに利用すべきであろう」

「木古内村はいまから470年余りの歴史を持つが、北海道にあってはまだまだ開発されなければならない地域である。今後この鉄道を地方人がどのように利用すべきか、重要な問題である。今日十円の価格であったものが、二十円にも三十円にもなり得る可

木古内停車場（昭和5年）　木古内線建設概要

日方隧道（昭和5年）　木古内線建設概要

茂辺地隧道（昭和5年）　木古内線建設概要

木古内機関支区（昭和34年）　H.S

能性は多々あると思う。早い話が地元で、捨て値同様の鮮魚を函館や小樽・札幌に移出する方法を考えたならば、相当の利益を上げることが出来る。地方はこうした見方で鉄道の利用方法を考え、地方の開発を促すべきである」

「今回の上磯駅～木古内駅間の開通は、すなわち江差までの鉄道、あるいは松前までの鉄道の開通に向けた第一歩である。道南開発の使命は何といっても江差・松前まで鉄道が開通することによって初めて達成されるのである。江差と松前は、これまで多くの交通系統から取り残されて、今日の衰退に至っている。いま木古内線の開通によって、木古内駅を起点とした新しい道南開発が求められるであろう。そして今日のこの木古内線の開通は、江差・松前に至る鉄道全線開通への前提であり、今後は関係者の大いなる奮起を促したい」としている。鉄道関係機関としても、渡島・檜山地方の発展への並々ならぬ関心と、江差・松前線の延伸への熱意がうかがえる一文である。

木古内線の全通
堀越北海道建設事務所長
開通に就て
函館運輸事務所長 相澤運之助
木古内線日方隧道東口

昭和５年10月25日　函館日日新聞夕刊

祝木古内線全通
海陸の寶庫開かれ 新興の氣分漲る
産業の進展に一大エポック
本道最古の木古内沿道
實地測量から 鐵道開通まで
各村民の猛烈な運動
乳製品界の覇者をめざして
業務の擴張を計畫
大日本乳製品木古内工場
木古内村の沿革
渡島半島の西南端
外客誘致策と梅の名所に
開通の歡び

昭和５年10月25日　北海タイムス朝刊

3　湯ノ岱線の開通

木古内駅～江差駅間の鉄道調査は古くから行われていて、すでに明治43（1910）年には鉄道院の板倉技師ら一行が鉄道敷設のため、線路の踏査がされている。この踏査は、上磯と檜山両郡をつなぐトンネル掘削の適地を調査することが主目的であった。中野越えなど5路線の予定地が踏査されたが、結果的には現在の稲穂峠路が選ばれて測量が行われたという。こうした調査業務が、大正11（1922）年に制定された「改正鉄道敷設法、別表一二九号」に反映されたものと思われる。

江差線（木古内駅～江差駅間）は、大正15（1926）年に第52議会の協賛を得て、鉄道事業の承認を得

湯の岱線開通

道南・脚の文化
湯の岱線けふ開業
總工費實に百十六萬餘圓

線路の狀勢

お目見得の
吉堀・湯の岱驛

▼吉堀驛

▼湯の岱

開通祝賀會
上ノ國村役場が主催

難工の稻穗隧道
遂に竣功す
延長八百八十米餘

木古內湯の岱間
開通に際して
鐵道省北海道建設事務所長　菊池清氏談

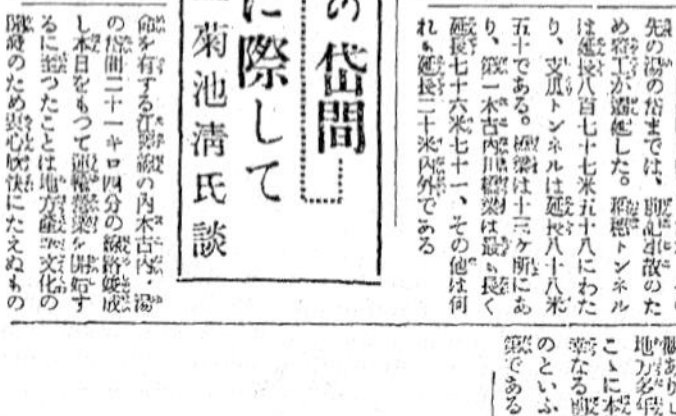

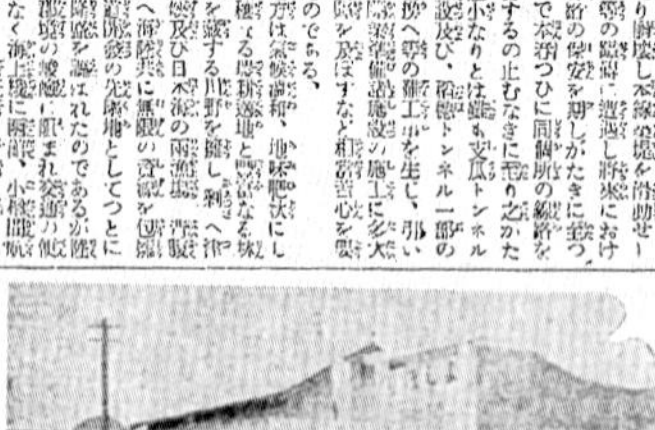

昭和10年12月10日　函館日日新聞朝刊

ることができた。そして昭和4（1929）年5月に鉄道省北海道建設事務所の所管に編入され、昭和6（1931）年5月には、木古内方面と江差方面の両方から測量を開始した。その終了を待って、翌年の昭和7（1932）年11月から順次木古内方面より路線選定を行い、全区間を五工区に分けて昭和8（1933）年2月から逐次工事が進められた。

昭和10（1935）年12月に木古内駅〜湯ノ岱駅間の部分が先行して開業した。湯ノ岱という地域は、北海道にしては気候が温暖で、地味《ちみ》が肥沃で豊穣な農耕適地であり、林産が盛んな地域でもある。湯ノ岱線に、当初設置された駅は、吉堀駅と湯ノ岱駅であった。

この路線は木古内線の終点にあたる既設の木古内駅を起点として西へ進み、第一木古内川橋梁（延長76m71）を渡り、道道五号を横断して右に曲がり、海岸線から遠ざかる。木古内川流域右岸の山すそを辿りつつ道路と並行し、瓜谷川との合流地点付近に吉堀駅を設置している。その後線路はやや開けた耕地の間を曲がりくねりながら進むと、やがて老木鬱然とした山麓に至る。その山間を経てさらに進むと、上磯・檜山の両郡の境をなす稲穂峠に差し掛かる。ここで支瓜トンネル（延長88m50）と稲穂トンネル（延長827m58）の二本のトンネルを掘削して檜山郡上ノ国の山間に出る。天の川と並行して下り眼界が開けた平野部に到着すると、そこが終点の湯ノ岱駅である。

木古内駅〜湯ノ岱駅間の工事は、三工区に分けて開始された。第一工区は木古内〜板谷堀までの間、第二工区は板谷堀〜稲穂トンネルまでの間、第三工区は稲穂トンネル〜湯ノ岱までとし、工事を着手した。

工事は概して順調であったが、稲穂峠の地盤軟弱地点での路盤工事中には、再度にわたって地山が崩壊し、本線築堤を滑動させ悩ませた。その後一旦工事の完成後にも、豪雨の影響で築堤が滑動するという事故があった。このため、将来の線路保守上のこともあり、同箇所の線形の位置変更を行い、短い支瓜トンネルの新設と稲穂トンネルの掘削換えを行った。この稲穂トンネルの掘削換えは、相当な難工事となり苦労したという。

昭和10（1935）年12月に湯ノ岱駅が開業し、湯ノ岱小学校で盛んな祝賀会が開催された。檜山支庁の中でも、最も不便で、最も文化が遅れていたといわれていた湯ノ岱が、檜山の玄関口となったのである。江差から幌馬橇で多くの客を乗せて、ラッパを鳴らして湯ノ岱にやって来たのである。雪が消えるとバスが通るようになった。

翌昭和11（1936）年11月に江差線が全通するまでの間、湯ノ岱は人と車でこれまでにない賑わいであった。

木古内＝湯の岱 けふ新線開通

混合列車四往復運轉

片道約五十分を要する

本道本年の最終開通たる江差線木古内、湯の岱間二十一粁四分は多年に亘る沿線住民の熱望漸く達していよいよけふ處女列車を運轉する同區間は昭和八年二月工事に着手し總工費百十五万九千八百圓を投じて今回完成を見たもので同線が明年追分節で知られた江差に達すれば道南地方運輸交通の上に一新紀元を劃することゝなるであらうなほ今回の新線列車は混合四往復で

【寫眞は第五木古内川 橋梁附近（上）と第一木古内川橋梁】

兩新驛長任命

十日一部開通の上磯線の驛長は左の如く任命された

函館運輸事務所 書記 宮崎傑四郎
命吉堀驛長、 同 石黒榮四郎
命湯の岱驛長（十日付）

昭和10年12月10日　北海タイムス朝刊

4　江差線の開通

江差線（木古内駅～江差駅間）42.1kmのうち、最も長く（30.1km）、駅数（6駅）を多く有するのは上ノ国町である。上ノ国村（当時）は江差線の工事着手以前から、開通にむけて積極的な運動を展開していた。江差線（木古内駅～江差駅間）の着工が具体的に動き出すのは、昭和2（1927）年の木古内線がしゅん工した頃からであった。

『続・上ノ国村史』（昭和37年）によると、昭和4（1929）年には江差線のルートを厚沢部村（当時）経由と上ノ国村経由の二つのルートについて調査していたそうである。両村とも激しく対立して、盛んに鉄道当局や檜山支庁・江差町などに働きかけたという。江差町はどちらのルートになっても終点になるため静観していたらしい。

両村の誘致合戦は熾烈を極め、厚沢部側の情報を手に入れるために上ノ国出身の芸妓にスパイをさせて、その行動を把握し先手を打っていたという涙ぐましい話すら残る。上ノ国村では、江差線誘致の建設期成大会を江差町で大々的に開催した。その勢いで上京し、時の総理大臣（西園寺公望）に直接陳情活動を展開した。そしてついに上ノ国ルートの決定を勝ち得たのだという。

しかし、江差線のルートは大正11（1922）年の「改正鉄道敷設法」で決められており、ルートを変更するためには法改正が必要となる。新線鉄道の調査時点では、よりよい鉄道を作るため複数ルートの調査は当然だが、なぜこの時期であったのかはよくわかっていない。

江差線（木古内駅～江差駅間）の残余の区間である湯ノ岱駅と終点江差駅との間の20.7kmは、昭和9（1934）年5月に路線選定を決定し、昭和10（1935）年2月から工事が開始された。湯ノ岱駅～江差駅間は、地勢はおおむね平坦であり、施工は比較的順調に進めることができた。しかしルート上には極めて軟弱な地盤層もあり、豪雨によって線路築堤と地山の崩壊が随所に起こるという事故があった。すぐに補修工事を行ったが、一部には路線の変更を余儀なくされた箇所もあった。こうして江差線は、ようや

1番列車が江差駅に到着する（昭和11年）　　写真で見る江差町史

く完成を遂げた。

昭和6（1931）年に測量を開始して以来、5年以上の歳月を費やし、昭和11（1936）年11月9日、ついに江差線全線の開通を迎えることができたのである。

江差線（木古内駅～江差駅間）の工事概況について以下に述べる。

○建設費総額　2,008,024円（1kmあたり47,940円）
○線路構造　全線単線、軌間1,067mm（狭軌）、延長41km796m48（工事キロ程）
○曲線半径　最小160m
○最急勾配　25パーミル（2.5%と同じ）
○築　堤　513,524㎥、最大築堤高さ11m924
○切　取　384,108㎥、最大切取深さ12m544
○トンネル　2ヶ所、総延長916m
○橋　梁　25ヶ所、総延長796m57

江差線を包含する檜山郡は、渡島国（当時）の中央部を占め、南は松前郡、東は上磯郡、北は爾志郡と接していて、江差町と上ノ国、泊、厚沢部の三村を含んでいる（いずれも当時）。江差線は、北方文化の発祥地である江差町と、道南の首都と呼ばれた函館を結ぶ鉄道となった。

檜山地方は北海道では最も南に位置し、温暖な地域である。この沿線の主たる産業は、農産として米、馬鈴薯、瓜類などがあり、林産としては用材、薪炭類、木炭などがある。さらに水産としては、鰯、烏賊、鱈、鰊など多くを産している。また、上ノ国の市街から東南方向にある大平山一帯は硫化鉄の鉱脈があり、その埋蔵量は無尽蔵ともいわれている。硫化鉄からは硫酸アンモニウムが採れ、肥料となる。こうした産業の発展は、旅客ばかりではなく貨物輸送への期待が膨らんだ。

上ノ国村石崎の中外・今井鉱山では、マンガン鉱が採掘されていた。江差線とは直接関係しないが、このマンガン鉱の輸送を目的に昭和18（1943）年に「国鉄上ノ国自動車営業所」を開業した。同じ年に鉱山が稼働したが、本格的な稼働は昭和20年代に入ってからであった。そして上ノ国～石崎間を国

昭和11年11月9日-1　函館日日新聞朝刊

鉄トラックが通うようになり、上ノ国からは貨車輸送であった。マンガン鉱のピーク時の輸送量は、約5万3千トン（昭和30年度）であったという。

その後国鉄自動車営業所は、函館のほか檜山、爾志、松前、上磯、亀田の各郡にも拡大し、昭和31（1956）年には「函館地区小口貨物共同輸送」に発展し、鉄道の末端輸送を担って江差線などの貨物輸送を下支えした。

江差線運行の初日には、多量の貨物輸送の申し込みがあったという。桂岡駅からの木材、上ノ国駅からのベニヤ・魚油、そのほか江差駅からも要請があり、さっそく臨時列車を運転したという。

上ノ国村には、はじめ「湯ノ岱」「桂岡」「上ノ国」の三駅だけしか設置されていなかった。戦後、中須田地区の人々の熱心な要望により、昭和23（1948）年に「中須田臨時乗降場」が設置された。その後も全列車の停車、乗車券の発売など次々に陳情・請願を達成させ、昭和30（1955）年にはついに「中須田駅」に昇格させて、駅舎とその他の施設の一切を国鉄青函局に寄付し、同年3月には本道初の駅員無しの中須田駅が開業したのである。

こうした自治体、地域が独自に駅を作り運営する「請願駅」は、国鉄からJRに移行する時点には多くみられたが、この時代には大変珍しいケースであった。

昭和32（1957）年1月25日、吉堀駅と湯ノ岱駅の中間に神明駅が設置され開業した。上ノ国村神明地区（当時）の開拓部落75戸390人余りのために

鉄道開通を記念して江差駅前で行われた江差小唄踊大会（昭和11年）
写真で見る江差町史

江差線の開通式の祝賀会場になった江差小学校（昭和11年）
写真で見る江差町史

陳情し、設置された。駅構造は１面１線の地上駅である。開業当初から江差駅管理の無人駅で、駅舎はなく、ホーム脇に古い待合室が設置されていた。また、昭和 39（1964）年 12 月には「宮越駅」が新設され、現在の江差線の形となった。

江差線が開通。１番列車を出迎える小学生（昭和 11 年）　写真で見る江差町史

江差線が全線開通した日の江差駅の様子（昭和 11 年）　写真で見る江差町史

5　準急「えさし」運行

昭和30年代という時代は、昭和39年の東京オリンピックをピークに、日本が世界に国力を示そうと努力した時代でもあった。いわゆる高度成長期へと移る時期だった。この時代、当時の国鉄は全国的に輸送が需要に追い付かない右肩上がりの時代でもあった。

昭和11（1936）年に全線が開通した江差線は、沿線住民の支持を受けてその後も住民の足として走り続け、地域の重要な役割を果たして来た。高度成長期における江差線の輸送量は、順調に推移していたようである。

こうした時代の流れを背景に、江差線でも普通列車だけではなく準急を導入し、高速輸送化を目指した。昭和35（1960）年10月、函館駅～江差駅間で、準急「えさし」の運行が始まった。運行当初は1両編成で、臨時便の扱いではあったが、毎日運行されていた。準急の運行は順調で、翌昭和36（1961）年10月には、準急「えさし」は定期列車化した。

昭和38（1963）年12月には、さらに函館駅～江差駅間に準急「おくしり」と「ひやま」を運行させ、準急は三往復体制に拡大した。このときの準急の途中停車駅は、江差駅側から上ノ国駅と木古内駅で、後に上磯駅にも停車したという。

江差線では、地域住民へのサービスも忘れなかった。昭和39（1964）年12月、木古内駅と吉堀駅の中間に渡島鶴岡駅を、また湯ノ岱駅と桂岡駅の中間に宮越駅をそれぞれ新設し、住民の声にこたえた。

昭和41（1966）年10月、函館駅～江差駅間を運

準急「えさし」1番列車歓迎式のセレモニーの様子（昭和36年）
写真で見る江差町史

準急「えさし」の運行が始まり、江差駅で1番列車の歓迎式が行われる（昭和35年）　写真で見る江差町史

準急「えさし」のポスター(昭和35年) H.S

花火とともに出発

にぎやかに"えさし"始発式

【江差】待望の準急"えさし"の初運転が一日行なわれた。まず午前十時五十八分、日の丸の旗を打ち振る南ヶ丘小学校の児童約百人、鼓笛隊の待ち受ける江差駅ホームに"えさし"がすべり込んだ。乗客は二十一人、前部につけた日章旗がすっかりすり切れて八十五キロの猛スピードぶりを物語っていた。引き続き午後零時十五分、こんどは江差駅から始発式が行なわれた。この日の初乗客は上埜奥尻村長ら六十三人のほか青函局関係者が乗り込んだ。江差高ブラスバンド、南ヶ丘小鼓笛隊のマーチが流れるホームは見送りの人たちでゴッタ返すなかを、谷口江差町長が紅白のテープをハサミで切ると同時に花火があがり、警笛とともに発車した。くす玉が割れ、花ふぶきが散り、乗客のテープを長くひいて"えさし"はスピードを上げて函館に向かった。

町民の盛んな見送りを受けて江差駅を発車する"えさし"

昭和35年10月2日
北海道新聞朝刊

江差駅に停車する準急「えさし」(昭和36年) H.K

行している準急列車の名称を「えさし」に統一した。そして、昭和43（1968）年10月には準急「えさし」が、急行「えさし」に昇格した。江差線の華々しい時代であった。以後、昭和40年代後半（1970年代）を過ぎると翳りが見えはじめるのであるが、その状況は次項に譲る。

準急「えさし」が初めて運行された日の始発式の模様について、以下に述べる。

「昭和35（1960）年10月1日、函館駅～江差駅間に待望の準急列車「えさし」が運行されることとなった。当日は函館駅から江差駅への到着列車が、午前10時58分に江差駅ホームに滑り込んできた。江差駅には南ヶ丘小学校の児童や鼓笛隊など約100人が待ち受け、賑やかに迎えた。列車は前部に祝賀の日章旗を付けていたが、最高速度時速85kmという猛スピードにより、すっかり擦り切れていた。引き続き午後0時15分から、今度は江差駅で始発式が行なわれた。この日の初乗客は、奥尻村長を先頭に63人のほか、青函局関係者も乗り込んでいた。江差高校ブラスバンドチームと小学生の鼓笛隊によるマーチがホームに流れ、見送りの人たちでゴッタ返す中で江差町長が紅白のテープにハサミを入れると同時に花火が上がり、警笛とともに始発列車は発車した。くす玉が割れ、花ふぶきが散り、準急「えさし」はスピードを上げて函館へと向かった。」と、当時の出発式の模様を賑やかに伝えている。

準急「えさし」運行を知らせる垂れ幕（昭和35年）　H.K

函館駅で行われた準急「えさし」の出発式（昭和35年）　H.K

木古内駅に到着した準急「えさし」と「まつまえ」。ここで分割し、先に「えさし」（左）が発車する（昭和38年）　H.S

6　江差線を取り巻く厳しい現状

昭和 47（1972）年以降、国内の交通運輸は、モータリーゼーションの進展により、全国的に鉄道の輸送量は翳りを見せはじめる。江差線も同様で、同年の 3 月には急行「えさし」を一便減便し、二往復体制の運行になった。翌昭和 48（1973）年 10 月には、さらに下り一便を減少し、上りの函館行を二本、下りの江差行きは一本のみの運行という体制に切り替えた。しかしそれでも旅客の減少に歯止めはかからず、ついに昭和 55（1980）年 10 月には、急行「えさし」は廃止に追い込まれてしまう。

昭和 57（1982）年 11 月 13 日、江差線（木古内駅～江差駅間）の貨物営業が廃止になった。江差線は昭和 11（1936）年 11 月から営業を開始したが、開始当初から旅客と貨物の両方を取り扱っていた。江差方面からの発送貨物は主に、マンガン鉱、木材、チップ、米、ジャガイモなどであり、函館方面からの到着貨物は、肥料、飼料、セメント、石炭などであっ

釜谷（昭和 35 年ころ）　H.S

昭和 36 年ころ　H.S

昭和 35 年ころ　H.S

た。一時は貨物量が多く、貨車繰りに困った時期もあったほどである。

昭和40（1965）年ころには、一日十五両編成程度で二往復して、約450トンの貨物を取り扱っていた。それが昭和53（1978）年には、隔日で一往復となってしまい、昭和56（1981）年には、一日平均70トンにまで落ち込んでしまった。こうした状況を受けて、昭和57（1982）年に江差線の貨物営業は廃止することとなったのである。

昭和62（1987）年4月、国鉄分割民営化にともない、江差線は北海道旅客鉄道株式会社（JR北海道）に継承された。

平成2（1990）年9月1日からは、江差線（木古内駅～江差駅間）でワンマン運転が開始された。ワンマン運行は一人の運転士が車掌を兼ねる。人員削減による経営の効率化がねらいであるが、地元などからはサービスや安全の低下へつながるとの懸念の声も上がった。木古内～江差間では、一日12本の運行列車全便が対象となっている。平成2年現在の一日当たり列車利用者数は、約350人にまで落ち込んで赤字区間となっている。

神明～湯ノ岱（昭和46年）　K.S

国鉄江差線の一部と松前線

貨物取り扱いにピリオド

最後の列車、寂しげ

関係者、往時しのび感無量

木古内駅で最後の貨物列車を見送る菊地駅長（手前）ら

【木古内】国鉄の貨物駅集約化で江差線の木古内－江差間が十三日、松前線が十四日で、長い歴史の貨物取り扱いに終止符を打ち、貨物列車が走らなくなった。十五日からは残された江差線の上磯駅に運ぶか、トラック便に頼るしかないが、関係者はモータリゼーションによる時代の流れとはいえ一抹の寂しさは隠し切れないようだ。

江差線（函館－江差間、八三・三キロ）は昭和十一年十一月十日、松前線（木古内－松前間）五〇・八キロ）は二十八年十一月八日に全通した。当初から各駅で旅客、貨物とも取り扱っており、発送貨物はマンガン、木材、チップ、米、ジャガイモなど、到着貨物は肥料、飼料、セメント、石炭などで貨車繰りに困った時期もあったほど。一日十五両編成程度で、江差線二往復、松前線が一往復していた。四十年ごろには江差線の木古内－江差間で四百五十トン、松前線で二百五十トンが扱われていた。

それがトラック便に食われて年々減る一方。五十三年から両線とも隔日一往復にしたが、五十六年度は一日平均江差線木古内－江差間七十トン、松前線四十トンというちょう落ぶり。このため江差線が上磯を除く木古内－江差間（四取扱駅）松前線（五取扱駅）の取り扱いを廃止したもの。

最後の列車は江差線が十三日午後二時二十二分江差発、松前線が十四日午後一時五十分松前発。江差線はジャガイモ五両、空車二両、松前線はチップ、鉄くず、砂利各一両、空車四両と往時の面影はない。木古内駅で五稜郭に向かう松前線最後の列車を見送った菊地昭平駅長は「これが最後か。開通時は華やかだったろうに」と挙手の姿も心なしか寂しげ。見送られた佐藤健久機関士も「十五年間も貨物列車を引っ張って来たのに別れはつらい」としょんぼりしていた。この貨物取り扱い廃止は関係各町とも了解、荷主もトラック便に切り替えるため混乱はなさそう。

昭和57年11月16日　北海道新聞朝刊

江差、根室線もワンマン化

乗客減った そして車掌も

安全は、サービスは

JR「合理化で路線維持」

9月1日から

9月1日のダイヤ改正から全便ワンマン運転化される江差線＝JR江差駅

JR北海道は、日高本線（苫小牧－様似間）函館本線砂川－上砂川間に続き、九月一日のダイヤ改正から根室本線釧路－根室間（百三十五・四キロ）と江差線木古内－江差間（四十二・一キロ）を一人の運転士が車掌を兼ねるワンマン運行に切り替える。人員削減による経営効率化がねらいで、今後、他の赤字ローカル線にもワンマン化を拡大する考え。同社は「利用者の協力を得て、経営を維持していきたい」としているが、地元の沿線では「サービス、安全の低下につながる」との反発も広がっている。

ワンマン運行の導入は、釧路－根室間が一日上下二十四本のうち十五本、木古内－江差間が同十一本全便が対象。両区間とも、現在運行している気動車を改造し、ワンマンバスのように料金箱や整理券発行機器などを設ける。乗降は前方の出入り口だけを使う「前乗り・前降り」方式。乗車時に整理券を取り、沿線に多い無人駅では降車時に運賃を支払う。安全対策には、ホームミラーやルームミラーを設置し「万全を期したい」としており、近く関係自治体に説明する。

JR北海道によると、一日の列車利用客は、釧路－根室間が約千五百人、木古内－江差間が約三百五十人で、いずれも赤字区間。ワンマン化に伴う人員削減は数名だが、同社は「長い目でみた時、経費節減のメリットは大きい」（柿沼博彦運輸部長）といい、現在列車編成が一両と二両の他線区にも逐次ワンマン化を進めていく意向だ。

一方、ワンマン化の対象となった沿線の利用者や自治体は、サービスの低下を心配している。

桧山管内江差町は、通院や通学の列車利用が多く、木村義信町長は「生活に密着した列車だけに、交通弱者が利用しやすい工夫を要望してきた。青函トンネル開通による観光客の入り込みの期待も大きい。今以上に不便になるのは困る」と話す。また、釧路管内厚岸町では「JRから説明を受けた後、予想される問題に対応していきたい」（今野質助役）としている。

ワンマンの安全性を疑問視する声も強く、今月一日から全面ワンマン化された日高管内浦河町の板倉まろみ浦河高教諭（38）は「学校近くの東町駅のように、ホームがカーブした所で、ホームミラーが本当に役立つのかどうか。地震多発地帯の日高で万一の場合、運転士だけでどう対応するのかなど問題が多い」と指摘している。

平成2年7月11日　北海道新聞朝刊

7　江差線廃止へ

平成24年（2012）8月、JR北海道は、江差線（木古内駅〜江差駅間）を廃線としてバス転換への検討を行うことを発表した。木古内駅〜江差駅間がなぜ廃止されることとなったのか、その理由をJR北海道の資料等から整理してみたい。

平成27（2015）年度に北海道新幹線が新青森駅から新函館駅（仮称）まで開業すると、並行在来線は第三セクター化される。これは新幹線を建設する際の前提となる国の方針であり、国と地方自治体、JR北海道は事前に確認している。そのため新幹線の開業時には、並行在来線としての江差線（五稜郭駅〜木古内駅間）はJR北海道から分離され、第三セクター化されることになる。これにより江差線（木古内駅〜江差駅間）の42.1kmをJR路線として残したにしても、飛び線となりJR北海道としてはその経営をどうするのか、大きな課題になったのだという。

JR北海道の経営管理は各線区単位での管理であったため、これまで江差線は、函館駅に乗り入れていた五稜郭駅〜木古内駅間の都市圏輸送に助けられて、江差線全体として存続していた。しかし五稜郭駅〜木古内駅間をJR線から切り離されると、木古内駅〜江差駅間の経営は全く成り立たない状態に陥る。では、木古内駅〜江差駅間の経営状態がどうなっているのか、検証してみることとする。資料は、JR北海道が発表した「江差線（木古内・江差間）の鉄道事業の廃止について」（平成24年9月3日付）によった。

平成24年現在、木古内駅〜江差駅間は、一日6往復、12本の列車を運転している（同上資料から）。これはJR北海道が発足した昭和62（1987）年度以来、列車の本数を維持しているのだという。しかし、近年のモータリーゼーションの進展や沿線地域の過疎化などの影響により、利用客は減少の一途をたどった。特に高校の閉校や道立病院の移転などもあり、江差線を取り巻く環境は大きく変化し、現在の地域における鉄道利用はごく限られたものになってしまった。

農業地帯の中須田駅近くを走る江差線。冬は日本海からの地吹雪で運行がストップすることもしばしば（平成25年）

JRの資料では、輸送密度の推移を示しながらその経営状態を説明している。JR北海道が発足した昭和62年度の木古内駅〜江差駅間の輸送密度は253人／日であったが、平成23年度には41人／日となり、約6分の1に減少している。これは、JR北海道の営業線区内で最も利用率が少ない線区にランクされる。輸送密度とは、輸送人・キロを延日・キロで割り戻した値で、一日当たりの平均輸送人数を統計的に表したものである。通常の地方ローカル線の場合、数千人から数百人が一般的であり、鉄道の営業収支からは2000人／日を目安としているといわれる。

また、平成22（2010）年度の収支状況を見ると、営業収入が1600万円に対して、コストはその20倍以上を要し、年間の赤字額が3億円以上に達しているというのである。

こうした現状に平成25（2013）年3月、JR北海道は江差線（木古内駅〜江差駅間）を平成26（2014）年5月限りで廃止してバス転換するという方針を、沿線の江差・上ノ国・木古内、三町の関係自治体と合意したことを発表した。そして同年4月に、JR北海道は江差線（木古内駅〜江差駅間）の廃止届を国土交通省に提出した。

ついに平成26（2014）年5月11日に多くの人に惜しまれながら、江差線は78年の歴史に幕を閉じた。

木古内駅の案内表示（平成26年）

車内の風景（平成26年）

5月12日（月曜日）　北海道新聞　1942年10月29日第3種郵便物認可　©北海道新聞社 2014　第25694号（日刊）

北海道新聞

2014年
5月12日
月曜日

発行所
北海道新聞社
〒060・8711 札幌市
中央区大通西3丁目6
電話011・221・2111
読者センター
011・210・5888
（日曜・祝日除く9時〜18時）
ご購読申し込み
0120・464・104
ヨムヨ ドーシン

江差線 万感の終着

JR江差線木古内—江差間（42・1キロ）が11日、江差駅午後10時7分着の最終列車（3両編成）で運行を終え、1936年（昭和11年）の全線開通から78年の歴史に幕を閉じた。沿線の3駅でお別れセレモニーが行われ、多くの地域住民や鉄道ファンが別れを惜しんだ。同区間は12日から代替路線バスが運行される。（関連記事31面）

横断幕を掲げるなどして最終列車を出迎える町民たち＝11日午後10時15分、JR江差駅（国政崇撮影）

地域と78年 町民惜別

JR北海道の路線廃止は95年の深名線（深川—名寄間、121・8キロ）以来19年ぶり。セレモニーは木古内、湯《ゆ》ノ岱《たい》、江差の各駅で行われた。檜山管内江差町の江差駅ではJR北海道の島田修社長が「（同区間の）営業運転は終わるが、北海道新幹線開業が間近で今後も道南の観光振興をお手伝いしたい」とあいさつ。浜谷一治江差町長は「廃止は断腸の思いで名残惜しい」と述べた。

この後、午後1時すぎに函館発の普通列車（3両編成）が到着すると、ホームを埋め尽くした人たちが一斉にカメラのシャッターを切った。八谷敏明運転士と下里聡江差駅長には花束が贈られた。200人を超える満員状態の折り返し便には一日駅長の同町のキャラクター「しげっち」がホームで出発の合図を送った。

平成26年5月12日　北海道新聞朝刊

江差駅から見た風景（平成 26 年）

「やはりそうか」「困る」
木古内―江差間廃止
JR方針に地元複雑

【木古内、上ノ国、江差】JR北海道が江差線の木古内―江差間（42㌔）を2014年春にも廃止する方針を固めたのを受け、沿線の渡島管内木古内、檜山管内江差、同管内上ノ国の3町では、鉄路をめぐるさまざまな思いが交錯した。乗客の少なさから、諦めにも似た声が上がる一方で、利用者は「廃止は困る」と鉄路存続を訴えた。

木古内町の大森伊佐緒町長は8日、「報道に驚いたが、乗降客が少ない中、いつかこういう話が出ると思っていた」と、冷静に語った。

江差商工会の飯田隆一会長も「地元では廃止は想定されていた」と話した。全道有数の赤字路線であることは地元でも知られており、見通しについては悲観的な見方が多い。

3町の町長からは、いずれも容認または反対の表明はなかった。沿線最多の6駅がある上ノ国町の工藤昇町長は「もしJRが廃線を提案した場合、町議会や他の2町と協議して方針を決める」とする。江差町の浜谷一治町長は「JRは住民に廃線理由となる採算性の問題などを話してほしい」と説明会の開催を求めている。

利用者を中心に廃止反対の声も根強い。上ノ国駅を利用する農業の女性(80)は、月2、3回程度使うと言い、「車の運転ができないので買い物はJRに頼るほかない。廃止は困る」と訴えた。

現在江差線以外で江差から函館へ行くには、国道227号経由で厚沢部町を通る路線バスが1日6往復運行されている。所要約2時間で江差線より早い。

一方、江差線に並行する道道には路線バスがないため、「JRで上ノ国から木古内に通院する人の足は確保しなくてはならない」（大森町長）。廃線になった場合、代替バス路線の新設が求められそうだ。

平成 24 年 8 月 9 日
北海道新聞朝刊

木古内―江差14年春廃止
沿線3町に正式表明
JR北海道

【江差】JR北海道の小池明夫社長は3日、江差線木古内―江差間（42㌔）について、檜山管内江差、同管内上ノ国、渡島管内木古内の沿線3町長と江差町内のホテルで会談し、2014年春に廃止する方針を正式に伝えた。3町長は「大幅な赤字路線なので、やむを得ない」と一定の理解を示した。3町は近く合同で協議会を開き、提案受け入れの可否など対応を話し合う。（関連記事2面）

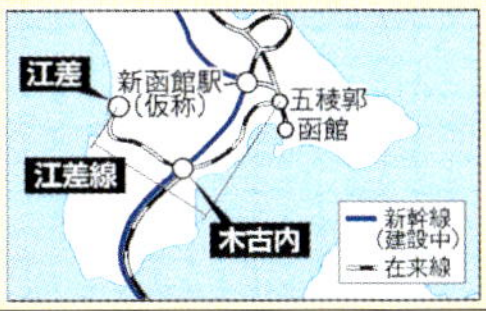

小池社長は3町長に対し、同区間の11年度の輸送密度（1㌔当たりの1日平均利用者数）が同社最悪の41人で、同社が発足した25年前の6分の1に激減し、10年度は3億円を超す赤字だったと説明。15年度末の北海道新幹線新函館（仮称）開業に伴い、木古内―五稜郭間が第三セクターの運営になるため、木古内―江差間がJRの他の路線とつながらなくなる事情もあげた。

そのうえで、老朽化が進む線路設備の維持更新に膨大な費用が必要なため、「鉄道の維持は困難」と判断したことを伝えた。

小池社長は3町長との会談後に記者会見し、「住民の交通手段の確保は、できる限り支援する」と強調したが、「廃止を提案したばかり。今後3町と協議する」として具体策は示さなかった。

3町長はそれぞれ来週に予定されている各町議会定例会で、JR北海道の鉄路廃止方針を報告するほか、近く開く3町による協議会で、提案への回答について話し合う。

会談後、上ノ国町の工藤昇町長は報道陣に対し「（赤字路線の廃止は）企業経営上、いたしかたない面もあるが、通院などの利用客の感情を踏まえた対応が必要だ」と話した。

鉄道事業法によると、鉄路の廃止は1年前までの国への届け出が必要。地元の同意は特に求められていない。

平成 24 年 9 月 4 日
北海道新聞朝刊

湯ノ岱（平成 20 年）　H.S

「江差線廃止」で江差町長
JR支援策受け入れ

【江差】浜谷一治江差町長は5日、町議会全員協議会で、JR江差線木古内―江差間（42㌔）の廃止問題について「JR北海道の支援策をベースに（沿線）3町の対策協議会をまとめていきたい」と述べ、提案を受け入れる方針を示した。議会側から反対意見はなかった。沿線の上ノ国、木古内の両町は、JR案を了承する意向。今回、江差が受け入れを判断したことで、今月下旬に予定されている次回の対策協議会で、3町として結論を出す環境が整ったことになる。

JRは今月1日、同区間廃止後の代替バス運行費用について、地元自治体の負担額18年分に相当する9億円を拠出すると3町に提示した。

全員協議会で、浜谷町長が「これ以上の支援を引き出すのは難しく、今後のバス事業者選定などの遅れにもつながるので町としても承認したい」と理解を求めたのに対し、町議側から異論は出なかった。

木古内駅から江差線の列車に乗り込む旅行客。右は建設が進む北海道新幹線木古内駅（平成 25 年）

平成 25 年 3 月 6 日　北海道新聞朝刊

木古内―江差廃止　JR支援策
沿線3町受け入れ

【江差】檜山管内江差町の浜谷一治町長は11日の定例町議会で、JR江差線木古内―江差間（42㌔）の廃止に伴い、江差など沿線3町に計9億円を拠出するとしたJR北海道の支援策の受け入れを正式に表明した。

沿線3町のうち、既に同管内上ノ国、渡島管内木古内の両町は支援策を了承する意向を示しており、28日に上ノ国町で開かれるJR江差線対策協議会（会長・工藤昇上ノ国町長）で、同区間の廃止が決まる見通し。

同区間に関しては、JR北海道が昨年9月、2014年春の廃止を表明。今月1日には3町に対して、廃止後の代替バス運行費用として、3町の負担額18年分に相当する9億円の拠出案を提示した。

浜谷町長は、行政報告で「これ以上の地元支援策を引き出すのは厳しい」と、JR案の受け入れを判断した理由を述べた。

平成 25 年 3 月 12 日　北海道新聞朝刊

沿線風景

五稜郭駅

五稜郭駅構内（昭和 35 年）

C58213
H.K

五稜郭駅構内（昭和 35 年ころ）　H.K

五稜郭駅近く（昭和 38 年）　H.S

五稜郭駅近く(昭和 40 年)　H.S

五稜郭駅近く(昭和 40 年)　H.S

五稜郭～七重浜

五稜郭～七重浜（平成22年）

ED79 11
JR
JR
T.H

清川口〜上磯

七重浜駅付近（平成 21 年）

清川口駅前（平成 25 年）

清川口〜上磯（平成 17 年）

上磯付近（昭和 40 年）

H.S

上磯～茂辺地

上磯～茂辺地（平成 21 年）

T.H

茂辺地付近（昭和 44 年）

H.S

上磯～茂辺地（昭和 45 年）

H.S

茂辺地付近（昭和 45 年）

H.S

上磯～茂辺地（昭和 44 年）

H.S

茂辺地付近（昭和 45 年）

H.S

渡島当別～釜谷

渡島当別～釜谷（平成 16 年）

釜谷～泉沢

釜谷～泉沢（平成 17 年）

札苅～木古内

札苅～木古内（平成 25 年）

A.M

木古内（昭和 34 年）

H.K

札苅～木古内(昭和 40 年代)

N.I

木古内駅構内（昭和40年代）

木古内〜渡島鶴岡

木古内〜渡島鶴岡（平成３年）
A.M

渡島鶴岡〜吉堀

渡島鶴岡〜吉堀（平成 25 年）

吉堀～神明

吉堀～神明(平成 25 年)

A.M

吉堀～神明(昭和 40 年代)

N.I

吉堀～神明(平成 26 年)
T.H

吉堀～神明(平成 25 年)

T.H

吉堀～神明（平成25年）

T.H

神明～湯ノ岱

神明～湯ノ岱（平成 25 年）　T.H

神明～湯ノ岱（昭和 46 年）　K.S

湯ノ岱駅

湯ノ岱駅（平成 15 年）　N.I

湯ノ岱（昭和 36 年）　H.K

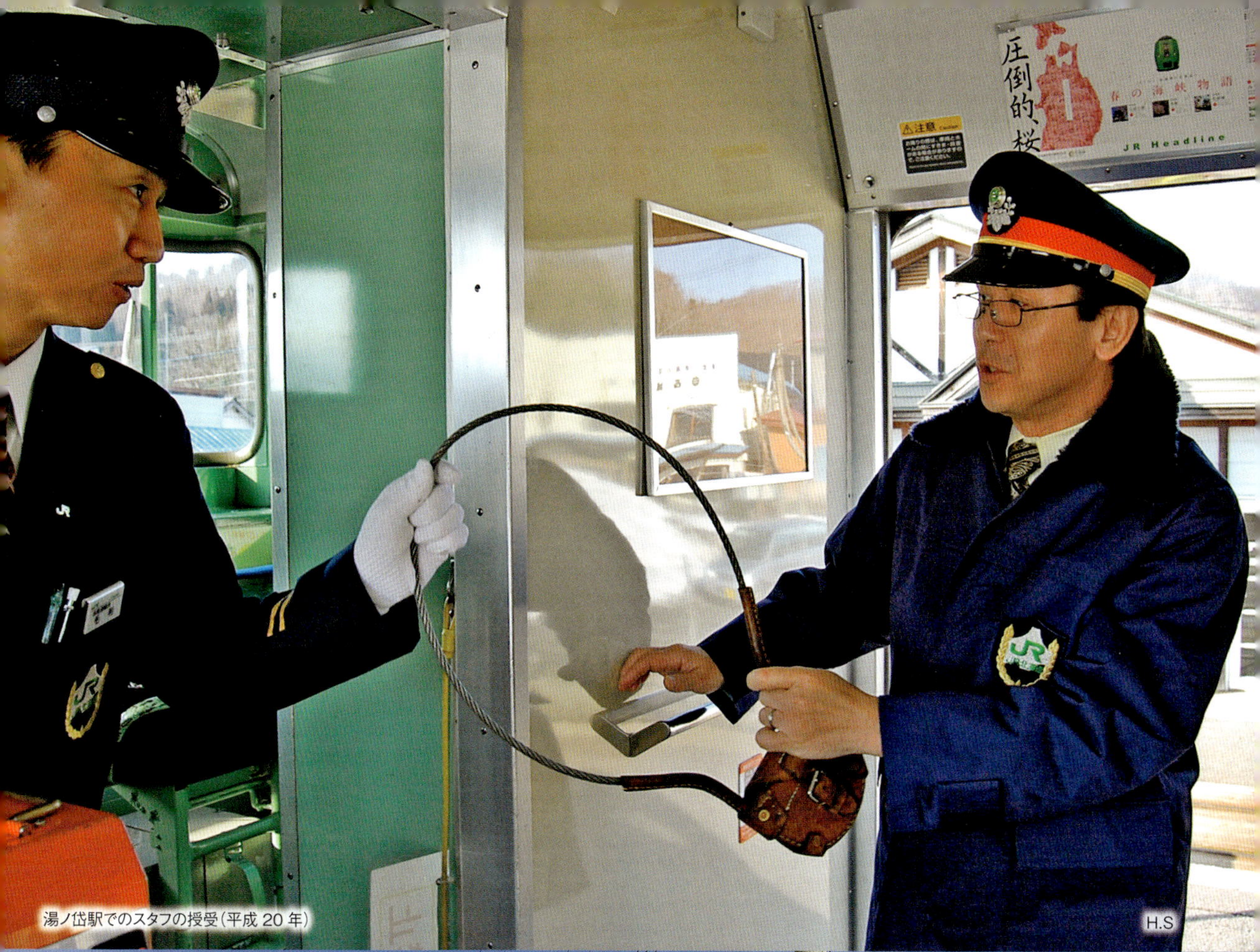

湯ノ岱駅でのスタフの授受（平成 20 年）

H.S

湯ノ岱駅（平成 25 年）

Y.M

湯ノ岱駅(平成25年)

A.M

ゆのたい

Y.M

湯ノ岱～宮越

湯ノ岱～宮越（平成22年）

Y.M

湯ノ岱～宮越（昭和38年）

湯ノ岱～宮越（昭和48年）

K.S

湯ノ岱～宮越（昭和62年）

A.M

湯ノ岱～宮越（平成 25 年）

T.H

湯ノ岱～宮越(平成25年)

T.H

湯ノ岱～宮越(平成 25 年)

T.H

宮越〜桂岡

宮越〜桂岡(平成元年)

A.M

桂岡〜宮越(平成 26 年)

Y.M

桂岡～中須田

桂岡～中須田（昭和 46 年）　K.S

桂岡～中須田（平成 18 年）　Y.M

中須田〜上ノ国

中須田〜上ノ国(平成 25 年)

Y.M

中須田～上ノ国（昭和46年）　K.S

上ノ国～江差

上ノ国～江差（昭和46年）　K.S

上ノ国～江差(昭和48年)　K.S

上ノ国～江差(昭和62年)　A.M

上ノ国～江差（平成25年）

T.H

上ノ国〜江差(平成 25 年)　T.H

上ノ国～江差（平成 25 年）

Y.M

上ノ国～江差(平成 26 年)

Y.M

江差駅構内

江差駅(昭和 62 年)　A.M

江差駅(平成 26 年)

第3章　江差線の車両

懐かしい車両

辻晴穂

昭和 11（1936）年の全通以来、78 年の間に様々な形式の車両が江差線を駆け抜けました。そのなかから珍しい、そして懐かしい車両、編成、列車の思い出を綴りました。

DE15 除雪車（江差駅、昭和 61 年）　T.H

キハ 54 500 番台（江差～上ノ国、昭和 63 年）　T.H

キハ 54 500 番台・キハ 22・キハ 40（江差駅、昭和 63 年）　T.H

キハ 40 三連（江差～上ノ国、平成元年）　T.H

キハ 40（宮越～湯ノ岱、平成２年）　T.H

キハ 40 とくつろぎ和式気動車・キロ 59、キロ 29（江差駅、平成２年）　T.H

キハ 22・キハ 54・キハ 40（江差～上ノ国、昭和 63 年）　T.H

第一天ノ川橋梁を渡るキハ 22（宮越～湯ノ岱、平成２年）　T.H

キハ 22（江差～上ノ国、平成２年）　T.H

キハ 56・キハ 56・キハ 27・キハ 27・キハ 56 五連（江差駅、昭和 61 年）　T.H

江差線全通 60 周年記念号・キハ 27、キロ 29、キハ 27（吉堀～神明、平成 8 年）　T.H

シャ乱 Q エクスプレス　団体臨時列車キハ 183 系（江差～上ノ国、平成 10 年）　T.H

臨試 9996 レ建築限界測定列車 DE15・オヤ 31（上ノ国～江差、平成 2 年） T.H

臨試 9993 レ建築限界測定列車・DE15・オヤ 31（上ノ国～中須田、平成 2 年） T.H

臨試 9392 レ高速軌道検測列車 DE15・マヤ 34、走り去るキハ 22 二連、信号機が懐かしい（江差駅、昭和 63 年） T.H

臨試 9793 レ高速軌道検測列車 DE15・マヤ 34 下ノ沢橋梁（湯ノ岱～神明、昭和 63 年） T.H

臨試 9793 レ高速軌道検測列車 DE15・マヤ 34、下ノ沢橋梁、第一天ノ川橋梁（宮越～湯ノ岱、平成元年） T.H

北前号 キハ80系四連(江差駅、昭和62年) T.H

3064貨物列車 ED79 0＋ED79 100重連(渡島当別～釜谷、平成4年) T.H

3092貨物列車 ED79 50番台重連(上磯～茂辺地、平成4年) T.H

3092貨物列車 ED79 50番台重連(東久根別～七重浜、平成4年) T.H

江差駅・通常閉塞の終末(江差駅、平成4年) T.H

追分エクスプレス江差（江差～上ノ国、平成 11 年）　T.H

お座敷気動車（上ノ国～江差、平成 25 年）　T.H

スタンプラリー号（吉堀～神明、平成 14 年）　A.M

モーニング娘。号（上ノ国～江差、平成 11 年）　T.H

吉堀～渡島鶴岡（平成 15 年）　N.I

新旧車両並ぶ〔キハ 40 系・キハ 54 形〕（江差駅、昭和 62 年）　A.M

団体臨時列車「えさし号」（神明-吉堀、平成 25 年）　A.M

レールバス（函館駅構内、昭和 39 年）　H.S

江差線を走った車両

星　良助（鉄道史家）

はじめに

江差線は大正２年の開業以来、100を越える年輪を数える歴史ある路線である。このレールの上を走った車両は、蒸気機関車・電気機関車・ディーゼル機関車をはじめ、電車・気動車・客車・貨車と国鉄・JRのすべての車種を網羅している。北海道の片隅のローカル線としては、このような線区は非常に珍しい。海峡線をはさんで本州との連絡に欠かせなかった江差線の車両について、開通時から現代まで蒸気機関車を中心として、時刻表とともに解説する。

蒸気機関車の時代

まず上磯線→江差線を走った蒸気機関車について、ほぼ年代順に記すことにしよう。ただ機号については、かならずしもこれに限ったということではなく、一部流動的なところがあるとご了解いただきたい。

1. 大正２年９月15日開通時

軽便鉄道上磯線五稜郭～上磯間5.4マイル（8.8キロ）の開通時には、函館～上磯間を片道30分の行程で900番代の列車番号をもち、一日３往復と当時のローカル線では標準的な運転であった。「北海道鉄道管理局局報」の大正２年９月６日北運第337号によると、軽便鉄道上磯線の運転時刻は次のとおり。

951レ	953レ	955レ	列車番号					
直混	直混	直混	種	別		＝＝	＝＝	＝＝
前6:00	前11:30	後5:00	発	函　館	着	30	30	7:05
06	36	06	着	五稜郭	発	24	24	59
10	40	10	発		着	20	20	50
23	52	23	着	久根別	発	07	07	37
25	55	25	発		着	05	05	35
30	12:00	30	着	上　磯	発	前7:00	後1:00	後6:30
＝＝	＝＝	＝＝	種	別		直混	直混	直混
			列車番号			951レ	953レ	955レ

開通当時の機関車牽引定数は次のように制定されていた。

機関車形式称号		9050			3010 7270 7400			600 3390 7170 7200			7100		
列車種類		客	混	貨	客	混	貨	客	混	貨	客	混	貨
区間	五稜郭上磯	28	38	43	22	26	32	20	23	27	15	18	18

（鉄道公報　大正２年９月15日　第339号）

この定数は鉄道院運輸局が制定したもので、函館機関庫に在籍しなかった3010形・3390形・7400形の三形式が含まれている。また、600形は明治39年まで１両在籍、7100形は大正４年度のみ１両在籍と「道南鉄道100年史」に記載されているが、実際に上磯線を走ったかどうかは疑問が残る。その後、大正10年には次の表のように改正された。

機関車形式称号		7400 7650		7550 7500		7270 7300 7350		7200		5860		5400 5450	
列車種類		混	貨	混	貨	混	貨	混	貨	混	貨	混	貨
区間	五稜郭上磯	30	35	30	35	26	32	23	27	30	35	25	30

（局報　大正10年５月　札幌鉄道局）

この定数は鉄道省運輸局が制定したもので、函館機関庫に在籍しなかった7400形・7650形・7550形・7300形・7350形・5850形・5400形の七形式が含まれている。

7170形

北海道炭礦鉄道の前身北海道鉄道部が明治20年に輸入した1Cテンダ機関車で、国有後に7170形と名前を改めたもの。上磯軽便線の開通記念絵葉書にその姿が見られ、大正２年から大正８年ころまで当線で働いていた機関車である。大正９年度末に廃車されて、２両ともその年10月24日開業した寿都鉄道へとお嫁入りして行った。

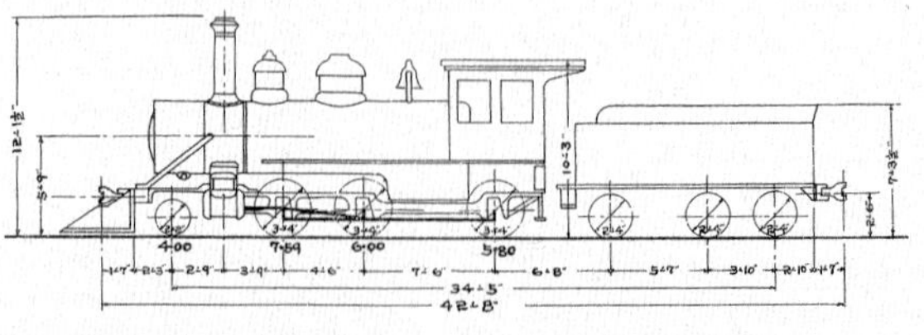

使用圧力11kg/cm²　シリンダ381 × 457mm
動輪直径1,070mm　火格子面積0.94m²
全伝熱面積80.5m²　運転整備重量15.4t

（次表配置区の欄　地名のみで昭和11年8月末迄は機関庫、以後は機関区。（支）は機関支庫・支区、（駐）は機関車駐泊所を示す。以下同じ）

機号	製作	製造年	製造番号	配　置　区
7170	BLW	明治20年	＃8969	（官）北海道鉄道事務所無番→明治22年北海道炭礦鉄道10→国鉄7171→明治41年8月日本製鋼所へ貸出→室蘭→大正2年函館→廃大正9年3月31日函館→大正9年10月寿都鉄道7171→大正11年10月同2
7171	BLW	明治20年	＃8970	幌内鉄道7→明治22年北海道炭礦鉄道7→同改9→国鉄7170→明治41年8月日本製鋼所へ貸出→室蘭→明治45年函館→廃大正9年3月31日函館→大正9年10月寿都鉄道7170→大正11年10月同1

7200形

北海道炭礦鉄道が明治24年から輸入した1Cテンダ機関車。国有後7200形と名前を改めたもの。大正6年から上磯線で働いていたが、同10年浅野セメント原料輸送用の専用鉄道が開通した際、電化設備が間に合わずしばらくの間この機関車を借り受けて使用した記録がある。7204は昭和4年まで40年近くご奉公してきた。昭和初期に廃車された7221は大和鉱業専用鉄道（尺別）で、7223・7224は定山渓鉄道とその後寿都鉄道へ譲渡されて、第二・第三の人生を送った。

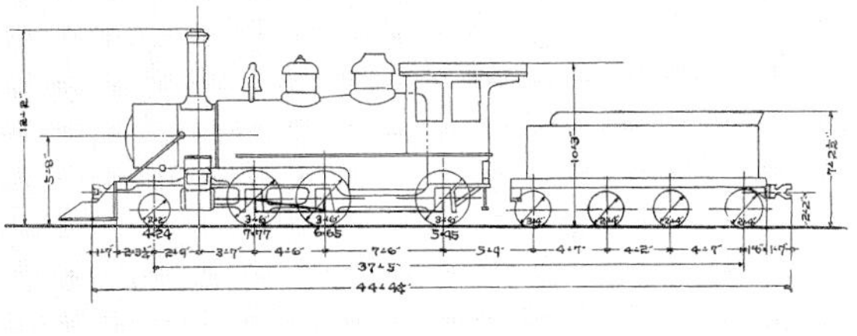

使用圧力10kg/cm²　シリンダ356 × 457mm
動輪直径1,070mm　火格子面積1.03m²
全伝熱面積63.7m²　運転整備重量24.1t

機号	製作	製造年	製造番号	配　置　区
7204	BLW	明治24年	＃12080	北海道炭礦鉄道22→改19→国鉄7204→大正6年函館→廃昭和21年北海道建設部
7221	BLW	明治29年	＃15149	北海道炭礦鉄道43→国鉄7221→大正6年函館→廃昭和10年度施設局→昭和13年大和鉱業専用鉄道（尺別）7221→昭和13年雄別鉄道7221→昭和17雄別尺別7221→昭和25年借入・27運輸工業1
7223	BLW	明治24年	＃12083	北海道炭礦鉄道24→改45→国鉄7223→大正10年1月28日廃札鉄局→大正10年定山渓鉄道7223→昭和26年寿都鉄道7223→昭和28年廃
7224	BLW	明治29年	＃12146	北海道炭礦鉄道28→改46→国鉄7224→大正6年釧路→廃大正8年6月20日札鉄局→大正7年定山渓鉄道7224→昭和26年寿都7224→昭和27年廃

9050形

北海道炭礦鉄道が国有化される前に発注し、国有後に輸入した1Dテンダ機関車。同社が国有化になる際この機関車は対象外であったため、輸入元の三井物産は26両を北炭系の石狩石炭へ名義を移した。明治41年度に鉄道院が石狩石炭から借入していたものを購入して、新コンソリデーション7200形と名前を改めたもの。函館運輸事務所では明治41年から昭和7年まで最大7両働いていたが、昭和12年26両すべてが軍部の要請で1メートル軌間に改造して、中国大陸へ渡り帰らぬ機関車となった。

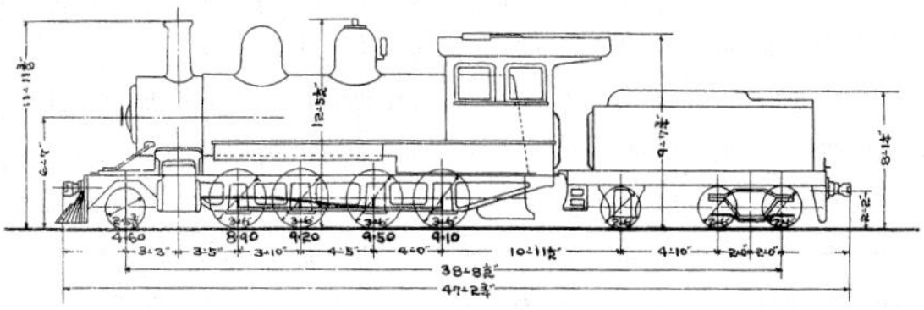

使用圧力11kg/cm²　シリンダ406 × 508mm
動輪直径1,067mm　火格子面積0.94m²
全伝熱面積80.5m²　運転整備重量46.0t

機号	製作	製造年	製造番号	配　置　区
9050	ALCO	明治40年	＃44550-P	石狩石炭100→明治41年手宮工場組立北管100函館運輸事務所→9050→明治45年黒松内→大正3年函館→大正6年野付牛→大正9年浜釧路→大正13年岩見沢→昭和12年改造中国へ→削除昭和13年
9051	ALCO	明治40年	＃44551-P	石狩石炭101→明治41年手宮工場組立北管101函館運輸事務所→9051→大正6年岩見沢→昭和2年岩見沢→昭和12年改造中国へ→削除昭和13年
9052	ALCO	明治40年	＃44552-P	石狩石炭102→明治41年手宮工場組立北管102函館運輸事務所→9052→明治45年黒松内→大正3年函館→大正6年岩見沢→大正9年野付牛→大正13年岩見沢→昭和12年改造中国へ→削除昭和13年
9053	ALCO	明治40年	＃44553-P	石狩石炭103→明治41年手宮工場組立北管103函館運輸事務所→9053→明治45年黒松内→大正3年旭川→大正6年池田→大正13年・昭和2年岩見沢→昭和12年改造中国へ→削除昭和13年

機号	製作	製造年	製造番号	配　置　区
9054	ALCO	明治 40 年	#44554-P	石狩石炭 104 →明治 41 年手宮工場組立北管 104 函館運輸事務所→ 9054 →明治 45 年黒松内→大正 3 年旭川→大正 6 年池田→大正 9 年浜釧路→大正 13 年岩見沢→昭和 12 年改造中国へ→削除昭和 13 年
9055	ALCO	明治 40 年	#44555-P	石狩石炭 105 →明治 42 年手宮工場組立北管 105 函館運輸事務所→ 9055 →明治 45 年黒松内→大正 3 年旭川→大正 6 年滝川・岩見沢→昭和 12 年改造中国へ→削除昭和 13 年
9056	ALCO	明治 40 年	#44556-P	石狩石炭 106 →明治 42 年手宮工場組立北管 106 函館運輸事務所→ 9056 →明治 45 年黒松内→大正 3 年岩見沢→大正 6 年滝川→昭和 12 年改造中国へ→削除昭和 13 年

5450 形

関西鉄道が開業の翌年英国へ注文した 2B テンダ機関車。当時形式飛龍と呼ばれていたが、北海道へは大正 6 年に渡ってきて室蘭に配置され、大正 9 年には函館に在籍していた。函館での寿命は短く、翌大正 10～11 年度に廃車になった。

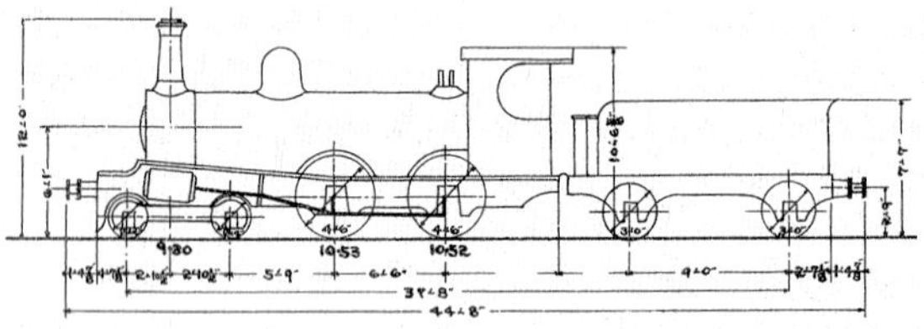

使用圧力 9.8kg/cm²　シリンダ 394 × 559mm
動輪直径 1,372mm　火格子面積 1.25m²
全伝熱面積 83.9m²　運転整備重量 31t

機号	製作	製造年	製造番号	配　置　区
5450	ダブス	明治 23 年	#2701	関西 9 →国鉄 5450 →大正 6 年室蘭→大正 9 年函館→廃大正 11 年函館
5451	ダブス	明治 23 年	#2702	関西 10 →国鉄 5451 →大正 6 年室蘭→大正 9 年函館→廃大正 10 年札幌

7500 形

7500 形は北海道官設鉄道が二年にわたり米国から輸入した 1C テンダ機関車。函館に在籍したかどうか不祥であるが、牽引定数表に掲載されているので一応記した。

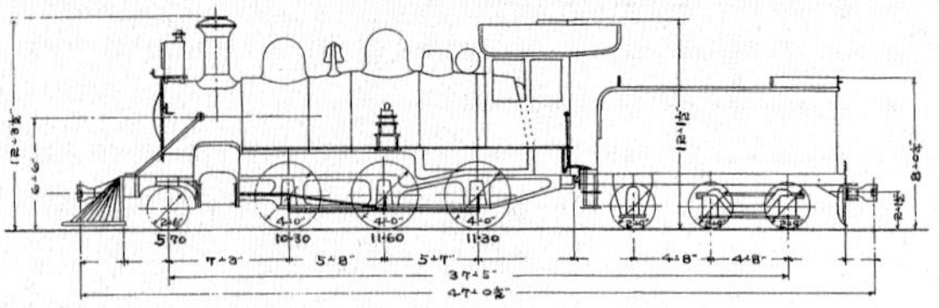

使用圧力 11.2kg/cm²　シリンダ 381 × 457mm
動輪直径 1,070mm　火格子面積 0.94m²
全伝熱面積 80.5m²　運転整備重量 39.52t

機号	製作	製造年	製造番号	配　置　区
7500	BLW	明治 36 年	#23090	北海道官設 27 →国鉄 7500 →大正 9 年音威子府→廃昭和 24 年 3 月 15 日釧路
7501	BLW	明治 36 年	#23144	北海道官設 28 →国鉄 7501 →大正 9 年音威子府→大正 13 年音威子府→廃昭和 12 年
7502	BLW	明治 36 年	#23129	北海道官設 29 →国鉄 7502 →大正 9 年音威子府→廃昭和 23 年 1 月 29 日釧路
7503	BLW	明治 36 年	#23130	北海道官設 30 →国鉄 7503 →大正 9 年名寄→廃昭和 23 年 1 月 29 日釧路
7504	BLW	明治 37 年	#24548	北海道官設 34 →国鉄 7504 →大正 9 年名寄→廃昭和 23 年 1 月 29 日釧路
7505	BLW	明治 37 年	#24549	北海道官設 35 →国鉄 7505 →大正 9 年名寄→廃昭和 23 年 1 月 29 日釧路

7270 形

7270 形は北海道官設鉄道が米国から輸入した 4 両と、模倣した国産の 2 両の 1C テンダ機関車。大正 14 年青函航路貨車航送開始にも使用した。

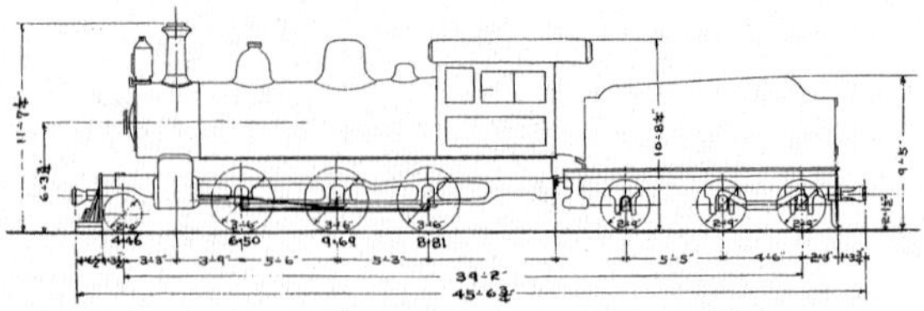

使用圧力 11kg/cm²　シリンダ 381 × 457mm
動輪直径 1,070mm　火格子面積 0.94m²
全伝熱面積 80.5m²　運転整備重量 29.93t

機号	製作	製造年	製造番号	配　置　区
7270	ブルックス	明治 33 年	#3675	北海道官設 13 →国鉄 7270 →明治 45 年池田→大正 6 年野付牛→廃昭和 10 年 1 月函館→昭和 15 年北海道製糖 7270 →日本甜菜製糖磯分内 7270
7271	ブルックス	明治 33 年	#3676	北海道官設 14 →国鉄 7271 →大正 6 年中湧別→廃昭和 10 年 1 月函館→昭和 15 年北海道製糖 7271 →日本甜菜製糖磯分内 7271

機号	製作	製造年	製造番号	配置区
7272	ブルックス	明治33年	＃3677	北海道官設15→国鉄7272→明治45年池田→大正3年野付牛→大正9年浜釧路→廃昭和10年1月函館
7273	ブルックス	明治33年	＃3678	北海道官設16→国鉄7273→明治45年釧路→大正3年野付牛→廃昭和10年1月函館
7274	汽車	明治38年	＃33	北海道官設36→国鉄7274→明治45年野付牛→大正9年浜釧路→廃昭和10年1月函館
7275	汽車	明治38年	＃34	北海道官設37→国鉄7275→明治45年野付牛→大正9年浜釧路→廃昭和10年1月函館

C11形

C11形は昭和7年から製造された1C2過熱タンク機関車で、普通旅客列車や貨物列車・混合列車用の小形機関車である。C10形に防煙板を付けた近代的なスタイルで、昭和17年から昭和37年まで江差線と松前線の客貨混合列車を牽いて走り回った。昭和20年9月30日現在木古内支区に9両在籍していた。

その後はC58形がバトンタッチして引き継いだ。五稜郭機関区に籍のあったC11形機関車で最後に処分されたのは昭和50年6月のC11171で、平成11年にカムバックして75年の車齢を感じさせず、現在はJR北海道のイベント列車で活躍している。

使用圧力 15kg/cm^2　シリンダ 450 × 610mm
動輪直径 1,520mm　火格子面積 1.60m^2
全伝熱面積 104.1m^2　運転整備重量 68.06t

機号	製作	製造年	製造番号	配置区
C11 21	日立	昭和7年	＃466	昭和20年木古内(支)→昭和30年浜川崎→廃昭和38年3月9日浜川崎
C11 70	日車	昭和10年	＃337	昭和20年木古内(支)→昭和29・30年苫小牧→廃昭和37年2月28日国府津
C11 71	日車	昭和10年	＃338	昭和20年木古内(支)→昭和30年苫小牧→廃昭和35年11月7日富山
C11 81	川崎	昭和10年	＃1593	昭和20年木古内(支)→昭和29年中湧別→昭和30年渚滑(支)滝川へ貸渡→廃昭和36年3月31日滝川
C11 82	川崎	昭和10年	＃1594	昭和20年木古内(支)→昭和30年苗穂→廃昭和38年2月9日苫小牧
C11 83	川崎	昭和10年	＃1595	昭和20年木古内(支)→昭和30年標茶(支)→廃昭和37年11月20日達560標津線管理所
C11128	日車	昭和13年	＃563	昭和20年木古内(支)→昭和30年岩見沢→廃昭和36年12月26日達727岩見沢
C11129	日車	昭和13年	＃564	昭和20年木古内(支)→昭和30年標茶(支)→昭和38年標津線管理所→昭和41年釧路→廃昭和47年11月21日苗穂

機号	製作	製造年	製造番号	配置区
C11171	川崎	昭和15年	＃2333	昭和20年朱鞠内(支)→昭和29・30年木古内(支)→昭和38年長万部→昭和43年長万部→廃昭和50年6月20日釧路→保存　標茶町桜児童公園→平成10年11月27日工場入→平成11年4月21日車籍復帰 JR北海道C11171イベント列車用
C11180	川崎	昭和15年	＃2342	昭和29・30年木古内(支)→昭和38年長万部ー休→昭和43年長万部→廃昭和48年11月30日長万部→保存　宇治市山城運動公園
C11188	川崎	昭和15年	＃2359	昭和20年函館→昭和29・30年木古内(支)→昭和38年長万部→昭和43年長万部→廃昭和48年3月17日長万部
C11229	日車	昭和17年	＃1110	昭和20年木古内(支)→昭和29・30年木古内(支)→廃昭和36年12月26日木古内(支)
C11286	日車	昭和20年	＃1362	昭和29・30年木古内(支)→昭和38年苫小牧(支)→昭和41年静内→廃昭和46年3月30日苫小牧
C11287	日車	昭和20年	＃1363	昭和20年森(駐)→昭和29・30年木古内(支)→廃昭和38年2月6日倶知安
C11357	日車	昭和21年	＃1448	昭和29・30年木古内(支)→昭和41・43年岩見沢→廃昭和44年12月15日姫路一

C12形

C12形は昭和7年から製造された1C2過熱タンク機関車で、江差まで開通した際に記念列車を牽引した。普通旅客列車や貨物列車・混合列車用の小形機関車である。

昭和7年から昭和32年まで江差線と松前線の客貨混合列車を牽いて7両が走り回ったが、戦時中軍部の要請で4両が外地へ供出させられた。

使用圧力 14kg/cm^2　シリンダ 400 × 610mm
動輪直径 1,400mm　火格子面積 1.30m^2
全伝熱面積 74.2m^2　運転整備重量 50.05t

機号	製作	製造年	製造番号	配置区
C12 43	日車	昭和8年	＃287	昭和8年苫小牧(分)→昭和10年深川→昭和10年帯広(分)→昭和10年木古内(駐)→昭和13年浜網走(駐)→昭和14年野付牛→昭和16年浜網走(駐)→昭和28年新得→昭和30年帯広(支)→昭和30年田端→廃昭和39年10月5日田端
C12 78	川崎	昭和9年	＃1488	昭和9年札幌→昭和11年雄武(駐)→昭和20年渚滑(支)→昭和25年森(駐)→昭和32年五稜郭→昭和33年室蘭→廃昭和36年3月31日室蘭
C12108	汽車	昭和10年	＃1338	昭和10年木古内(駐)→廃昭和14年3月31日供出深川1000ミリ軌間に改造
C12109	汽車	昭和10年	＃1339	昭和10年木古内(駐)→廃昭和14年3月31日供出深川1000ミリ軌間に改造

機号	製作	製造年	製造番号	配　置　区
C12157	汽車	昭和12年	＃1485	廃昭和14年3月31日供出函館1000ミリ軌間に改造
C12158	汽車	昭和12年	＃1486	廃昭和14年3月31日供出函館1000ミリ軌間に改造
C12228	日車	昭和14年	＃747	昭和14年大館→昭和22年渚滑(支)→昭和22年雄武(駐)→昭和25年森(駐)→昭和30年五稜郭一休→昭和32年室蘭→昭和33年郡山工場→廃昭和42年郡山工場

C56形

C56形は昭和10年から製造された1C過熱テンダ機関車。江差まで開通した際記念列車を牽引した写真が残っている。普通旅客列車や貨物列車・混合列車用の中型機関車で、C12形と同一の設計で近代的なスタイルが特長である。昭和11年から江差線と松前線の客貨混合列車を牽いて走り回ったが、戦時中軍部の要請で7両が外地へ供出させられ、タイで余生を送っている機関車もある。C56103は樺太へ移管されたが、戦後は鉄のカーテンのかなたでゆくえは知る由もない。昭和20年9月30日現在木古内支区に9両が在籍していた。

使用圧力14kg/㎠　シリンダ400×610mm
動輪直径1,400mm　火格子面積1.30㎡
全伝熱面積74.2㎡　運転整備重量37.63t
炭水車10-5

機号	製作	製造年	製造番号	配　置　区
C56 28	日車	昭和11年	＃406	昭和16年木古内(支)→供出昭和16年12月2日土崎工場へ
C56 68	日立	昭和11年	＃737	昭和12年木古内(支)→供出昭和17年2月6日大宮工場へ→廃昭和17年2月6日木古内(支)
C56 69	日立	昭和11年	＃738	昭和12年木古内(支)→供出昭和17年2月7日大宮工場へ→廃昭和17年2月6日木古内(支)
C56 81	三菱	昭和11年	＃191	昭和12年木古内(支)→昭和13年静内→供出昭和17年1月31日浜松工場へ
C56 86	三菱	昭和11年	＃196	昭和12年木古内(支)→昭和13年静内→供出昭和17年2月2日浜松工場へ
C56 87	三菱	昭和11年	＃197	昭和12年木古内(支)→昭和13年静内→供出昭和17年2月6日浜松工場へ
C56 88	三菱	昭和12年	＃198	昭和12年厚床(支)→昭和14年長万部→昭和16年木古内(支)→供出昭和17年浜松工場へ廃昭和17年2月6日木古内(支)
C56 97	日車	昭和12年	＃478	昭和13年木古内(支)→昭和17〜23年迄苗穂→昭和38年大糸線管理所→廃昭和47年4月28日七尾
C56102	日立	昭和12年	＃863	昭和13年木古内(支)→昭和16年白山→昭和38年松本→廃昭和47年4月28日上諏訪
C56103	日立	昭和12年	＃864	昭和13年木古内(支)→昭和18年函館→昭和19年苗穂→除籍昭和21年3月樺太局
C56112	汽車	昭和12年	＃1518	昭和13年木古内(支)→昭和15年標茶→昭和17年苗穂→昭和18年帯広(支)→昭和24年苗穂→昭和28・38年一休→昭和40年上諏訪→廃昭和43年8月9日上諏訪
C56113	汽車	昭和12年	＃1519	昭和13年木古内(支)→昭和17年苗穂→昭和18年帯広(支)→昭和20年苗穂→廃昭和36年12月26日松本
C56114	汽車	昭和12年	＃1520	昭和13年木古内(支)→昭和17年苗穂→昭和18年帯広(支)→昭和24年苗穂→廃昭和38年8月1日松本
C56115	汽車	昭和12年	＃1521	昭和13年木古内(支)→昭和18年函館→昭和20年苗穂→昭和38年糸魚川→廃昭和47年4月28日糸魚川
C56137	日立	昭和13年	＃980	昭和13年仙台→昭和13年借入浜頓別(支)→昭和13年浜頓別(支)→昭和13年名寄→昭和14年長万部→昭和16年帯広(支)→昭和23年五稜郭→昭和25年苗穂→廃昭和40年3月4日苗穂
C56138	日立	昭和13年	＃981	昭和13年仙台→昭和13年借入浜頓別(支)→昭和13年浜頓別(支)→昭和13年名寄→昭和14年長万部→昭和16年帯広(支)→昭和23年五稜郭→昭和25・28年苗穂→昭和30年信濃大町(支)→昭和37年信濃大町(分所)→廃昭和37年10月17日信濃大町(分所)
C56148	汽車	昭和14年	＃1774	昭和14年小郡→昭和17年正明市→昭和23年備後十日市→昭和28年浜田→昭和30年松山→昭和38年多度津→昭和43年釧路→昭和44年五稜郭→昭和48年苗穂→昭和49年釧路→廃昭和49年9月6日釧路
C56151	三菱	昭和13年	＃233	昭和13年中込→昭和15年深川→昭和16年名寄→昭和16年朱鞠内(支)→昭和16年苗穂(貸出北海道鉄道)→昭和17年備後十日市→昭和19年七尾→昭和22年苗穂→昭和23年五稜郭→昭和25年苗穂→昭和31年信濃大町(支→分所)→昭和41年上諏訪→廃昭和42年11月2日上諏訪

C58形

C58形は昭和13年から製造された1C1過熱テンダ機関車で、普通旅客列車や貨物列車用の中型機関車である。D51形をひとまわり小さくして、動輪をひとつ少なくした近代的なスタイルで、昭和30年から朝夕の江差線と松前線の客貨混合列車を牽いて最大8両が走り回った。一部木古内〜上磯間の補助機関車として使われたこともある。ディーゼル化が進んだ昭和47年から廃車が始まり、五稜郭機関区に籍のあった機関車で最後に処分されたのは、昭和

49年10月のC58213であった。

使用圧力16kg/㎠　シリンダ480×610mm
動輪直径1,520mm　火格子面積2.15㎡
全伝熱面積137.6㎡　過熱面積40.7㎡
運転整備重量58.7t　炭水車17-6

機号	製作	製造年	製造番号	配　置　区
C58 33	川崎	昭和13年	＃1996	昭和13年直方→昭和14年若松→昭和15年熊本→昭和20年備後森→昭和23年宮地→昭和25年大分→昭和31年高松→昭和32年松山→昭和38年小松島（支）→昭和42年釧路→昭和43年五稜郭→昭和46年釧路→昭和49年北見→廃昭和50年6月25日北見　保存清里町羽衣児童公園
C58 82	汽車	昭和13年	＃1627	昭和20年釧路→昭和30・38年北見→昭和43年北見→昭和48年函館→廃昭和48年8月30日北見　保存美幌町柏丘公園
C58126	汽車	昭和14年	＃1741	昭和20年釧路→昭和30年北見→昭和38年函館→昭和41年五稜郭→廃昭和48年5月23日五稜郭
C58148	汽車	昭和14年	＃1774	昭和14年小郡→昭和17年正明市→昭和23年備後十日市→昭和30年松山→昭和38・41年多度津→昭和43年釧路→昭和44年五稜郭→昭和48年苗穂→昭和49年釧路→廃昭和49年9月6日釧路
C58213	川崎	昭和15年	＃2251	昭和20・30年紀伊田辺→昭和38年函館→昭和41年五稜郭→廃昭和49年10月12日北見
C58255	川崎	昭和15年	＃2406	昭和20年高松→38・41年多度津→昭和43年3月五稜郭→廃昭和43年10月1日五稜郭
C58406	汽車	昭和21年	＃2542	昭和20・30年苗穂→昭和38年函館→昭和41年五稜郭→昭和46年函館→廃昭和49年9月6日釧路
C58407	汽車	昭和21年	＃2543	昭和20・30年苗穂→昭和38年函館→昭和41年五稜郭→廃昭和49年3月20日苗穂　保存　東京大塚台公園
C58411	汽車	昭和22年	＃2547	昭和20・30年苗穂→昭和38年函館→昭和41年五稜郭→廃昭和47年12月9日五稜郭
C58417	汽車	昭和22年	＃2549	昭和20年室蘭→昭和30年北見→昭和38年函館→昭和41年五稜郭→廃昭和48年5月23日五稜郭

江差在住の辻晴穂氏によれば、昭和35年前後にC58408も江差線を走っていたようだ。残念ながら、走っていたことを記す資料が現在残っておらず、走っていたことを確認するのみとしておく。また、9600形も江差線に入線していたようだ。定期の運行ではなく、除雪などの臨時運転があったのだろう。

2. 大正10年10月5日改正

開通以来、毎年夏冬のたびに時刻改正が行われてきた。暫時運転回数も増えてきたが、この改正から列車番号600番代5往復となった。

列車番号	601	603	605	607	609
函　館	5:50	8:35	11:38	3:30	6:15
五稜郭	6:03	8:48	11:53	3:43	6:32
久根別	6:20	9:08	12:11	4:00	6:50
上　磯	6:25	9:13	12:16	4:05	6:55

列車番号	602	604	606	608	610
上　磯	6:50	10:15	1:20	4:35	7:30
久根別	6:57	10:23	1:28	4:43	7:38
五稜郭	7:15	10:50	1:50	5:05	7:58
函　館	7:23	10:58	1:58	5:13	8:06

汽車時刻表　山藤印刷合名会社

3. 大正13年6月1日改正

その後6往復に増え、支線は800番代の列車番号を名乗ることになった。翌大正14年5月21日に青函航路の貨車試験航送が始まり、同8月1日から本航送を開始した。

列車番号	801	803	805	807	809	811
函　館	5:50	8:45	12:05	3:20	6:15	9:30
五稜郭	6:04	9:00	12:21	3:36	6:30	9:44
上　磯	6:24	9:22	12:42	3:57	6:52	10:05

列車番号	802	804	806	808	810	812
上　磯	6:50	10:05	1:20	4:32	7:30	11:00
五稜郭	7:16	10:35	1:54	5:01	8:00	11:34
函　館	7:23	10:42	2:01	5:08	8:07	11:41

汽車時間表　日本旅行文化協会

4. 大正15年6月21日　七重浜停車場が開業

五稜郭久根別間に七重浜停車場が開業して、7往復に増便された。列車番号は二桁20番代と40番代に変わっている。

昭和5年10月1日全国改正

列車番号	21	43	23	45	47	49	25
函　館	5:43	8:15	10:40	1:25	3:53	7:10	10:25
五稜郭	6:00	8:25	10:55	1:35	4:10	7:20	10:34
七重浜	6:07	8:32	11:02	1:42	4:17	7:27	10:41
久根別	6:16	8:42	11:11	1:51	4:28	7:37	10:50
上　磯	6:21	8:47	11:16	1:56	4:33	7:42	10:55

列車番号	42	22	44	24	46	48	26
上　磯	6:40	9:03	12:15	2:40	5:48	8:45	11:14
久根別	6:46	9:09	12:21	2:47	5:55	8:51	11:20
七重浜	6:55	9:18	12:30	2:56	6:04	9:00	11:29
五稜郭	7:02	9:28	12:38	3:12	6:12	9:08	11:40
函　館	7:10	9:36	12:46	3:20	6:20	9:16	11:48

汽車時間表　日本旅行文化協会

5. 昭和5年10月25日　木古内まで開業

上磯から延長されて木古内まで開業した。木古内には機関庫支庫が設けられ、上磯までの区間運転列車番号20番代5往復、木古内までは40番代4往復の計9往復が運転された。

昭和9年12月1日全国大改正

列車番号	21	41	23	43	25	45	27	47	29
函　館	5:45	7:55	10:10	0:20	3:25	4:42	6:22	7:45	10:35
五稜郭	5:58	8:04	10:26	0:35	3:33	4:50	6:30	7:53	10:49
上　磯	6:22	8:27	10:49	1:01	3:54	5:14	6:51	8:15	11:10
茂辺地	==	8:48	==	1:22	==	5:34	==	8:36	==
渡島当別	…	9:00	…	1:34	…	5:46	…	8:48	…
釜　谷	…	9:12	…	1:46	…	5:58	…	9:00	…
泉　沢	…	9:20	…	1:54	…	6:06	…	9:08	…
札　苅	…	9:29	…	2:03	…	6:15	…	9:17	…
木古内	…	9:37	…	2:11	…	6:23	…	9:25	…

列車番号	40	22	42	24	44	26	28	46	30
木古内	6:00	…	10:00	…	2:45	…	…	6:50	…
札　苅	6:09	…	10:09	…	2:54	…	…	7:00	…
泉　沢	6:17	…	10:18	…	3:03	…	…	7:10	…
釜　谷	6:24	…	10:26	…	3:11	…	…	7:18	…
渡島当別	6:36	…	10:39	…	3:23	…	…	7:32	…
茂辺地	6:48	…	10:52	…	3:36	…	…	7:46	…
上　磯	7:13	8:35	11:18	2:10	4:03	5:25	7:07	8:16	11:23
五稜郭	7:35	9:03	11:48	2:40	4:32	5:48	7:35	8:43	11:49
函　館	7:42	9:10	11:55	2:47	4:39	5:55	7:42	8:50	11:56

汽車時間表　日本旅行協会

5. 昭和10年12月10日　湯ノ岱まで開業

木古内から延長されて湯ノ岱まで開業した。上磯までの区間運転列車番号20番代5往復、湯の岱までは40番代3往復、木古内までも40番代で1往復、木古内～湯ノ岱間40番代1往復の計10往復が運転された。

昭和10年12月10日改正

※函館日日新聞の記事には43レから29レまでしか記載されていないが、21レ～41レは存在したと思われる。時刻は前年のものを記した。

列車番号	43	23	45	25	47	27	49	29	21	41
函　館	7:37	10:10	0:20	3:25	4:45	6:30	8:30	10:38	5:45	
五稜郭	7:56	10:34	0:35	3:33	4:53	6:37	8:42	10:49	5:58	
上　磯	8:13	10:48	1:04	3:54	5:17	6:57	9:06	11:10	6:22	
渡島当別	8:48	==	1:41	==	5:52	==	9:39	==	==	
木古内	9:35	…	2:30	…	6:45	…	10:16	…	…	5:45
吉　堀	9:47	…	2:42	…	6:57	…	==	…	…	5:56
湯ノ岱	10:25	…	3:20	…	7:35	…	…	…	…	6:36

列車番号	40	22	42	24	44	26	28	46	48	30
湯ノ岱	…	…	8:40	…	1:35	…	…	5:50	8:10	…
吉　堀	…	…	9:16	…	2:11	…	…	6:26	8:46	…
木古内	5:30	…	9:38	…	2:35	…	…	6:50	8:57	…
渡島当別	6:06	…	10:17	…	3:19	…	…	7:32	==	…
上　磯	6:42	8:35	10:56	1:40	4:00	5:25	7:10	8:12	…	11:25
五稜郭	7:07	9:03	11:23	2:08	4:28	5:53	7:30	8:40	…	11:49
函　館	7:14	9:10	11:30	2:15	4:35	6:00	7:37	8:47	…	11:56

函館日日新聞　昭和10年12月10日

江差間での延長を目前に控えた昭和11年4月18日、函館上磯間にガソリンカーの試運転が3往復実施され、道南で無煙化の幕が切って落とされた。同6月1日函館上磯間にキハ42000形ガソリンカー7往復が運転開始された。

6. 昭和11年11月10日　江差まで全通

湯ノ岱から延長されて江差まで開業した。上磯までの区間運転ガソリンカー列車番号1番代・10番代で7往復、汽車1番代・20番代で3往復、木古内までは40番代1往復、江差までは同じく40番代3.5往復（帰路は木古内まで）の計14.5往復が運転された。

昭和11年11月10日改正

列車番号	3	41	キ1	43	キ3	23	キ5	45	キ7	25	キ11	キ13
函　館	5:45		6:24	7:33	8:55	10:10	11:15	0:20	1:50	3:25	9:22	10:39
五稜郭	6:00		6:30	7:49	9:01	10:25	11:21	0:35	2:00	3:35	9:28	10:50
上　磯	6:25		6:53	8:13	9:18	10:48	11:38	1:04	2:16	3:54	9:45	11:06
木古内		6:10		9:38				2:30				
湯ノ岱		7:02		10:28				3:22				
桂　岡		7:21		10:48				3:42				
上ノ国		7:32		11:00				3:55				
江　差		7:44		11:12				4:07				

列車番号	キ2	40	22	キ4	42	キ6	24	キ8	44	26	キ10	46	キ12
江　差	…	…	…	…	8:00	…	…	…	0:50	…	…	5:00	…
上ノ国	…	…	…	…	8:13	…	…	…	1:04	…	…	5:14	…
桂　岡	…	…	…	…	8:24	…	…	…	1:16	…	…	5:26	…
湯ノ岱	…	…	…	…	8:43	…	…	…	1:36	…	…	5:46	…
木古内	…	6:05	…	…	9:40	…	…	…	2:35	…	…	6:45	…
上　磯	7:00	7:19	8:35	9:30	10:55	11:55	1:35	2:50	4:00	5:25	7:10	8:06	9:55
五稜郭	7:17	7:41	9:03	9:47	11:23	0:12	2:08	3:07	4:28	5:53	7:27	8:33	10:12
函　館	7:23	7:48	9:10	9:53	11:30	0:18	2:15	3:13	4:35	6:00	7:33	8:40	10:18

列車番号	48	キ14
江　差	8:30	…
上ノ国	8:44	…
桂　岡	8:56	…
湯ノ岱	9:17	…

列車番号	48	キ14
木古内	10:05	…
上　磯	==	11:30
五稜郭	…	11:49
函　館	…	11:55

函館日日新聞　昭和11年11月1日

乘客に愉快な旅を

まづ車内の空氣を洗濯

札鐵ガソリンカーで試驗

【函館發】乘客を愉快に旅させようといふ札鐵局のサービス改善の建前から車内に於ける衛生に細心の注意を拂つて居たが二十日本道に於て最初のガソリンカー内の衛生試驗は函館上磯間で行はれた札鐵局總務部保健課囑託小笠原義三郎氏が中心となり三往復の實驗をしたが試驗は車内に於ける温度、濕度、炭酸瓦斯、一酸化炭酸瓦斯の含有量を測定し人體に及ぼす影響を研究するもので

當日は車内に精巧な機械的設備をなし科學的な實驗を試みたが更にガラス瓶に採つた氣體を持歸り數字的な檢討を加へ改善に資するものである

午後二時十五分函館發のガソリンカー内で發車當時の温度十五度が上磯到着の際は二十四度に上昇して居り濕度は著しく低下してゐた

炭酸瓦斯は乘車人員にもよるが相當多量に存在することを認めた右に關して小笠原氏は語る

ガソリンカーの排氣瓦斯及炭酸瓦斯がどの程度車室の汚濁に影響して居るかを科學的に又數學的に研究するもので此處で採つた氣體を局の上十分研究して見ます從來の研究からいふとガソリンによる乘り物は二時間位が適當の様です（寫眞は車内に於ける試驗）

昭和14年4月22日　北海タイムス夕刊

せっかく運転されたキハ42021 42022のガソリンカーも、昭和12年12月1日からキ11・12列車が運転休止となり、翌昭和13年4月24日に燃料統制強化のためすべてのキ列車が休止のやむなきに至った。5月31日陸軍に供出のため車籍削除。

7. 昭和15年10月10日改正

上磯までの区間運転ガソリンカー列車番号1番代で5往復、汽車20番代で3往復、木古内までは140番代1往復、江差までは同じく140番代3往復、木古内～江差間130～140番代の1往復、計14往復が運転された。

列車番号	45	キ9	49	キ11	キ13
函　館	4:45	6:30	8:25	9:22	10:39
五稜郭	4:53	6:36	8:40	9:28	10:50
上　磯	5:17	6:53	9:06	9:45	11:06
木古内	6:40		10:16		
湯ノ岱	7:32				
桂　岡	7:51				
上ノ国	8:03				
江　差	8:15				

列車番号	140	気2	22	気4	144	24	気6	144	26	気8	148	138	気10
江　差	…	…	…	…	8:00	…	…	0:40	…	…	5:10	9:05	…
湯ノ岱	…	…	…	…	8:43	…	…	1:28	…	…	5:57	9:47	…
木古内	5:10	…	…	…	9:43	…	…	2:37	…	…	7:00	10:33	…
上　磯	6:21	8:06	9:00	10:00	11:04	1:50	3:10	3:59	6:10	7:01	8:28	==	11:33
五稜郭	6:46	8:24	9:33	10:18	11:34	□:□□	□:□□	4:29	□:□□	7:18	9:02	…	11:53
函　館	6:53	8:30	9:40	10:24	11:41	□:□□	□:□□	4:36	□:□□	7:24	9:09	…	11:59

時間表　日本旅行協会

□印は発車時刻しか記載されていないので不詳

8. 昭和17年10月11日訂補
〔二・三等車　気＝三等車のみ〕

上磯までの区間運転はガソリンカー列車番号1番代で4往復、汽車20番代で4往復、木古内までは140番代1往復、江差までは同じく140番代3往復、木古内～江差間140番代の1往復、計13往復が運転された。

列車番号	141	21	1気	143	3気	23	145	5気	25	147	27	149
函　館	…	5:44	6:55	7:32	8:58	11:52	12:20	13:46	15:58	17:00	18:35	21:00
五稜郭	…	5:57	7:02	7:44	9:05	12:09	12:34	13:53	16:13	17:10	18:43	21:13
上　磯	…	6:20	7:20	8:12	9:22	12:33	13:04	14:11	16:36	17:38	19:03	21:40
木古内	5:35	==	==	9:38	==	==	14:31	==	==	19:05	==	22:52
江　差	7:07	…	…	11:12	…	…	16:05	…	…	20:37	…	==

列車番号	7気
函　館	22:00
五稜郭	22:07
上　磯	22:24

列車番号	140	気2	22	144	気4	24	気6	144	26	28	146	148
江　差	…	…	…	7:50	…	…	…	12:50	…	…	17:20	21:15
木古内	5:40	…	…	9:37	…	…	…	14:40	…	…	19:12	22:43
上　磯	6:52	8:18	9:55	10:55	12:05	13:45	15:15	16:05	17:40	19:28	20:35	==
五稜郭	7:15	8:36	10:31	11:19	12:28	14:16	15:36	16:32	18:12	19:52	21:08	…
函　館	7:22	8:42	10:38	11:26	12:34	14:23	15:42	16:39	18:19	19:59	21:15	…

列車番号	気8
上　磯	22:46
五稜郭	23:04
函　館	23:10

時刻表　財団法人東亜旅行社

9. 昭和18年5月15日改正

上磯までの区間運転ガソリンカー列車番号1番代で4往復、汽車20番代で4往復、木古内までは140番代1往復、江差までは同じく140番代3往復、木古内～江差間140番代の1往復、計13往復が運転された。戦争もたけなわのころ、ガソリンカーは本当に動いていたのであろうか。

列車番号	141	21	キ1	143	キ3	23	145	キ5	25	147	27	149
函　館	…	5:44	6:55	7:32	8:58	11:52	12:20	13:46	15:58	17:00	18:35	21:00
五稜郭	…	5:57	7:02	7:44	9:03	12:09	12:34	13:53	16:13	17:10	18:43	21:13
上　磯	…	6:20	7:21	8:12	9:23	12:34	13:04	14:12	16:36	17:38	19:03	21:40

列車番号	141	21	キ1	143	キ3	23	145	キ5	25	147	27	149
木古内	5:35	==	==	9:38	==	==	14:3□	==	==	19:05	==	22:52
江　差	7:07	…	…	11:12	…	…	16:05	…	…	20:37	…	==

※□判読不可能

列車番号	キ7
函　館	22:00
五稜郭	22:07
上　磯	22:25

列車番号	140	キ2	22	142	キ4	24	キ6	144	26	28	146	148
江　差	…	…	…	7:50	…	…	…	12:45	…	…	17:20	21:15
木古内	5:40	…	…	9:37	…	…	…	14:40	…	…	19:□2	22:45
上　磯	6:52	8:17	9:55	10:55	12:05	13:45	15:15	16:05	17:40	19:28	20:33	==
五稜郭	7:17	8:36	10:31	11:19	12:28	14:16	15:36	16:32	18:12	19:52	21:08	…
函　館	7:22	8:42	10:38	11:26	12:34	14:24	15:42	16:39	18:19	19:59	21:15	…

列車番号	キ8
上　磯	22:46
五稜郭	23:05
函　館	23:11

汽車・汽船北海道樺太旅行案内　昭和18年8月号

10. 昭和19年11月5日改正

三等車のみの連結で上磯までの区間運転汽車20番代・40番代・780番代で7往復、木古内までは140番代1往復、江差までは同じく140番代3往復、木古内～江差間140番代の1往復、計12往復が運転された。ガソリンの入手が困難となり、キ印は運転休止の止むなきに至った。

列車番号	141	21	143	41	23	145	43	25	147	27	149	789
函　館	…	5:40	7:12	8:20	10:27	11:45	13:00	15:40	16:35	17:40	20:35	21:55
五稜郭	…	5:55	7:26	8:34	10:42	12:00	14:15	15:55	16:49	17:48	20:50	22:10
上　磯	…	6:22	7:53	8:53	11:10	12:31	14:39	16:22	17:17	18:11	21:18	22:38
木古内	5:10	==	9:26	==	==	14:06	==	==	18:48	==	22:29	==
江　差	6:45	…	11:00	…	…	15:45	…	…	20:17	…	==	…

列車番号	140	22	42	142	24	44	144	26	28	146	148	788
江　差	…	…	…	7:25	…	…	12:00	…	…	16:45	20:55	…
木古内	5:20	…	…	9:16	…	…	14:03	…	…	18:43	22:25	…
上　磯	6:32	8:00	9:47	10:36	12:40	14:40	15:22	17:40	18:35	20:04	==	23:18
五稜郭	6:53	8:37	10:18	11:03	13:16	15:08	15:52	18:16	18:56	20:36	…	23:46
函　館	7:00	8:44	10:25	11:10	13:23	15:15	15:59	18:23	19:03	20:43	…	23:53

※24レは42レと印刷

時刻表　昭和19年12月号

11. 昭和22年6月1日現在

戦後の困難期運転本数が著しく削減された時刻表。上磯までの区間運転汽車5000番代で2往復、木古内までは140番代・5000番代2往復、江差までは同じく140番代2往復、木古内～江差間140番代・5000番代の1往復、計7往復が運転された。

列車番号	141	5041	143	145	5093	147	5027
函　館	…	5:40	7:12	11:00	15:05	16:55	21:18
五稜郭	…	5:55	7:29	11:17	15:20	17:12	21:33
上　磯	…	6:22	8:34	11:50	15:44	18:03	21:53
木古内	5:00	==	10:25	13:06	17:10	19:25	==
江　差	6:35	…	12:00	==	==	20:57	…

列車番号	140	5092	142	144	146	5096	5028
江　差	…	…	7:25	…	16:21	21:50	…
木古内	5:25	…	9:25	14:37	18:32	23:23	…
上　磯	7:04	7:19	10:44	16:24	19:46	==	22:30
五稜郭	7:24	7:51	11:17	17:06	20:19	…	23:00
函　館	7:30	7:58	11:24	17:13	20:26	…	23:07

時刻表　昭和22年6月号

12. 昭和25年10月1日時刻大改正

戦後の復旧がようやく軌道にのり、すこし運転本数が増えた時刻表。上磯までの区間運転750番代で1往復と下り2本、木古内までは110番代·130番代·750番代2.5往復、江差までは同じく130番代3往復、木古内～江差間130番代・140番代の1往復、計8.5往復が運転された。

列車番号	131	751	133	753	135	137	139	111	755
函　館	…	5:32	7:26	9:37	11:30	16:00	17:55	20:40	22:10
五稜郭	…	5:54	7:43	9:51	11:40	16:16	18:10	20:56	22:24
上　磯	…	6:14	8:03	10:13	12:30	16:42	18:40	21:20	22:44
木古内	5:42	==	9:58	==	14:05	18:33	19:48	22:29	==
江　差	7:16	…	11:35	…	15:51	20:10	==	==	…

列車番号	130	752	754	132	134	136	138	140
江　差	…	…	…	8:12	…	14:15	16:53	20:56
木古内	6:00	…	7:30	10:16	13:16	16:16	19:09	22:26
上　磯	7:05	7:30	9:22	11:41	15:20	17:44	20:22	==
五稜郭	7:26	8:13	10:02	12:13	15:50	18:20	21:20	…
函　館	7:33	8:20	10:07	12:20	15:57	18:27	21:27	…

時刻表　昭和25年10月号

ディーゼルカーの時代

昭和29年12月1日から函館～上磯間にディーゼルカーが運転開始された。

キハ04形

昭和26年製造のキハ41500形（歯車式）の6両が北海道へ配属され、室蘭地区の小運転に使用されていた。これが昭和30年キハ41300形（液体式）に改造されて江差線・松前線に配属になった。昭和32年4月1日にキハ04形と改称された。昭和34年も運転中であるが、「道南鉄道100年史」には昭和32年までしか記載されていない。

キハ01形

昭和30年製造のキハ10000形（レールバス）が8両北海道へ配属され、名寄・北見・稚内・倶知安地区の小運転に使用されていた。昭和32年にキハ01形と改称されて、昭和38年函館にキハ0151・0152・0154（東急車両・昭和30年製）の3両が配属され、昭和39年まで江差線・松前線で使用された。しかし、車体構造がきゃしゃなため、寿命は短く昭和41年3月廃車になった。

キハ11形

昭和31年8月にキハ48000形キハ48016～キハ48026（新潟鉄工所・昭和31年製）の11両が函館に配属になった。これは寒地向き仕様の両運転台・便所付きのディーゼルカーで、当時の最先端のローカル・サービスであった。昭和32年4月1日キハ11形キハ11101～キハ11111と改称し、函館本線・江差線・松前線を走っていた。しかし、翌昭和32年より北海道に適したキハ48200形→キハ12形が導入されると、本州へ転出して短命に終わった。

キハ12形

昭和31年10月改良されたキハ48200形48200～48210（新潟鉄工所・昭和31年製）の11両が函館に配属になった。これも同じく寒地向き仕様の両運転台・便所付きで、ディーゼルカー初の二重窓や、木製の二重床など一段とサービス向上が図られた。函館本線・江差線・松前線を走っていた。

キハ21形

昭和32年今までに比べ一段と大きな車体をもつディーゼルカー。本州のキハ20形の寒地向き仕様の両運転台・便所付き、二重窓は上下二段に分かれ、上段は固定・下段は上昇式となっている。出入り口は車体中央寄りに二か所。最初北海道へ64両が配属され、函館にも12～26両所属していた。昭和35年10月1日から運転開始した準急「えさし」や、昭和38年12月1日より準急「松前」に使用されていた。

キハ22形

昭和33年10月キハ21形を改良した寒地向き仕様の両運転台・便所付き、二重窓は一段上昇式となっている。出入り口は車体端面に二か所、デッキ付きで客室とはドアで仕切られて暖房効果が向上した。北海道へ当初23両が配属され、函館には7～38両が所属し、函館本線・江差線・松前線で使用された。昭和60年函館に所属していたのは、キハ22 65～22 71（日本車両）11両、キハ22205（新潟鉄工所）1両、キハ22245（富士重工業）1両、キハ22248（新潟鉄工所）1両、キハ22274（富士重工業）1両、キハ22275（新潟鉄工所）1両、キハ22329～22330（帝国車両）2両の計18両であった。キハ21形と同じく準急「えさし」や、準急「松前」にも使用された。昭和41年3月に動力伝達方式の呼び方を、歯車式を「機械式」、液体式を「液圧式」と改称。

キハ24形

昭和42年から函館に6両在籍。平成6年まで使用されていた。

キハユニ25形

二等客室と郵便室・手小荷物室を併せもつローカル線向けのディーゼルカー。昭和33年から函館に2両在籍。江差線・松前線の郵便物輸送に活躍していたが、トラック輸送に切り替えられたので昭和56年に廃止となった。

キハ40形

昭和51年、今までの角張ったキハ21・22形の後継車として登場した新鋭車。空気バネを備え、エンジンも220馬力と性能アップ。昭和56年10月現在函館には17両が在籍。

キハ46形

昭和56年10月現在函館に1両が在籍。

13. 昭和31年11月19日改正

上磯までの区間運転汽車740番代で1往復、ディーゼルカー700番代で6.5往復、木古内までは汽車710番代1往復、江差までは同じく720番代・730番代5往復、木古内～江差間720番代・730番代の

1往復、上ノ国～江差間730番代1往復、松前線の直通汽車810番代1往復、ディーゼルカー840番代2往復の計18.5往復が運転された。

列車番号	721	汽741	733	723	701	725	703	137	847	705	707	849
函　館	…	5:50	…	7:24	8:24	9:58	12:35	13:45	14:14	14:58	16:10	16:44
五稜郭	…	6:08	…	7:30	8:30	10:04	12:41	13:51	14:20	15:04	16:16	16:50
上　磯	…	6:31	…	7:46	8:48	10:22	12:57	14:10	14:41	15:19	16:31	17:06
木古内	5:40	==	…	8:34	==	11:05	==	14:58	15:24	==	==	18:04
上ノ国	6:39	…	7:03	9:35	…	12:19	…	15:59	松前行	…	…	松前行
江　差	6:48	…	7:11	9:44	…	12:28	…	16:08	…	…	…	…

列車番号	729	汽811	731	709	汽713	711
函　館	17:22	17:42	18:50	19:58	21:30	22:38
五稜郭	17:28	17:50	18:58	20:04	21:38	22:44
上　磯	17:44	18:15	19:17	20:22	22:01	22:59
木古内	18:39	19:35	19:58	==	22:49	==
上ノ国	19:38	松前行	21:03	…	==	…
江　差	19:47	…	21:12	…	…	…

列車番号	汽812	734	汽742	汽716	722	702	724	704	706	726	708	710
江　差	…	6:52	…	…	7:16	…	9:58	…	…	12:40	…	…
上ノ国	松前発	6:59	…	…	7:24	…	10:06	…	…	12:48	…	…
木古内	5:58	==	…	7:20	8:35	…	11:14	…	…	13:56	…	…
上　磯	6:53	…	7:06	8:18	9:17	9:34	11:56	13:02	14:13	14:40	15:30	16:40
五稜郭	7:13	…	7:32	8:43	9:33	9:50	12:12	13:18	14:31	14:58	15:47	17:00
函　館	7:19	…	7:38	8:49	9:38	9:56	12:17	13:23	14:36	15:03	15:52	17:05

列車番号	728	846	712	848	730	732	714
江　差	16:15	…	…	…	20:02	21:17	…
上ノ国	16:23	松前発	…	松前発	20:10	21:26	…
木古内	17:30	18:05	…	20:47	21:18	22:24	…
上　磯	18:13	18:53	20:30	21:29	22:00	==	23:04
五稜郭	18:28	19:10	20:45	21:49	22:18	…	23:19
函　館	18:33	19:15	20:50	21:54	22:23	…	23:24

時刻表　昭和31年12月号

14. 昭和36年10月1日改正

上磯までの区間運転汽車740番代で1往復、ディーゼルカー750番代で7往復、木古内までは汽車710番代1往復、ディーゼルカー730番代で1往復と上り2本、江差までは準急700番代1往復、普通720番代・730番代5往復、木古内～江差間720番代・730番代の1往復、松前線直通820番代3.5往復の計20.5往復と上り2本が運転された。

列車番号	721	汽741	723	751	753	825	準707	725	755	727	827	757
函　館	…	6:17	7:22	8:10	9:12	10:00	10:33	11:02	12:34	13:34	14:31	14:56
五稜郭	…	6:44	7:29	8:16	9:19	10:07	準↓急	11:08	12:41	13:41	14:37	15:02
上　磯	…	7:10	7:45	8:31	9:39	10:26	えさし	11:24	12:56	14:09	14:53	15:17
木古内	6:05	==	8:34	==	==	11:16	↓	12:14	==	14:53	15:36	==
江　差	7:13	…	9:42	…	…	松前行	12:21	13:27	…	16:01	松前行	…

列車番号	829	729	汽717	731	759	761	733	763
函　館	15:56	17:22	18:16	18:47	19:43	21:03	22:06	22:55
五稜郭	16:02	17:28	18:26	18:53	19:49	21:09	22:12	23:01
上　磯	16:27	17:44	18:45	19:15	20:04	21:24	22:29	23:16
木古内	17:11	18:40	19:34	20:10	==	==	23:10	==
江　差	松前行	19:48	==	21:20	…	…	==	…

列車番号	820	汽718	汽742	752	722	754	724	726	準708	756	826	758
江　差	松前発	…	…	…	7:20	…	10:03	…	12:28	…	松前発	…
木古内	6:01	6:28	…	…	8:35	…	11:24	12:18	準↓急	…	14:02	…
上　磯	6:43	7:19	7:46	8:43	9:17	10:27	12:07	13:04	えさし	14:14	14:54	15:20
五稜郭	7:00	7:49	8:11	9:01	9:33	10:48	12:22	13:19	↓	14:31	15:17	15:35
函　館	7:05	7:55	8:17	9:06	9:38	10:53	12:27	13:24	14:15	14:36	15:22	15:40

列車番号	728	730	732	828	760	830	762	734	736	764
江　差	13:43	…	16:11	松前発	…	松前発	…	20:13	21:27	…
木古内	15:04	15:43	17:23	18:27	…	20:13	…	21:25	22:33	…
上　磯	15:57	16:41	18:08	19:13	20:07	21:02	21:28	22:06	==	23:19
五稜郭	16:13	16:58	18:24	19:29	20:22	21:21	21:44	22:31	…	23:34
函　館	16:18	17:03	18:29	19:34	20:27	21:26	21:49	22:36	…	23:39

時刻表　昭和36年10月号

ほかにもキハ27形、キハ56形（急行用）、54形500番台（普通形）の入線が確認されているが、昭和36年10月1日改正後のため、説明を省く。

電気機関車・電車の時代

そこのけそこのけ特急列車のお通りだ。昭和63年の青函トンネル開通後、本州との連絡ルートとして津軽海峡線と一体となって一躍脚光を浴びた江差線は、本家の江差線列車が片隅に追いやられて減便され肩身が狭い。寝台特急やコンテナ貨物が地響きたてて通り過ぎるさまは、青函連絡船の生まれ変わりとはいえ、人と物資の交流が一段と増え、本州と地続きになったことを実感させるものがある。

海峡線開通後は列車の上り下りが入れ替わった。つまり、函館から江差方面へ向かう列車が今までの下りが上りとなり、列車番号が偶数に変わった。運転本数も間引かれて、函館～上磯間下り7本・上り9本、函館～木古内間下り7本・上り6本、函館～江差間直通下り3本・上り3本、木古内～江差間下り2本・上り3本と以前と比べ少なくなった。その分函館～青森間の電気機関車牽引快速「海峡」が8往復出来たので、停車駅（上磯・木古内）を利用する人には利便性が向上したことにはなるが、この快速も現在は電車化され特急「スーパー白鳥 11〜98号」に格上げされたので、別途特急料金が必要になり利用の幅が狭まってしまった。

本来の江差線列車の他に本州直通列車として、特急「北斗星1・2・3・4・5・6号」「トワイライトエクスプレス」「はつかり 1・5・21・10・22・26 号」「日本海1・4号」、急行「はまなす」、快速「海峡1〜16号」とコンテナ貨物があり、他に臨時「北斗星トマムスキー」「エルム」「せいかんナイト」などが入り乱れてわがもの顔に走り回っていた。

トンネルが開通してから 26 年余り、江差線の一部木古内〜江差間の廃止される前の平成 25 年 11 月 1 日改正の運転本数は、函館〜上磯間下り 8 本・上り 10 本（土休日運休 1 往復）、函館〜木古内間下り 5 本・上り 4 本、函館〜江差間直通下り 4 本・上り 5 本、木古内〜江差間下り 2 本・上り 1 本、すべて気動車で、気動車キハ 40 形が 1〜2 両編成でワンマン運転となっている。

客車は開通時、木造四輪二三等車 1 両＋同四輪三等車 1 両＋同四輪郵便手荷物緩急車 1 両の 3 両と、貨車との直混列車で、軽便線とはいえ二等室も備えられていた。

その後、木造四輪ボギー客車・半鋼製四輪ボギー客車・全鋼製四輪ボギー客車・戦後の鋼体改造客車などだんだんサービスが向上されてきて、ディーゼルカーへと切り替えられた。

貨物は、上磯にある北海道セメント株式会社（浅野セメント→日本セメント→太平洋セメントとして現存）の製品・燃料などの輸送が主なものであり、同社の原材料〔粘土〕運搬のための専用軌道（大正10 年開通）へも機関車を貸し出していた。有蓋貨車・無蓋貨車・セメント用タンク車などが、江差線を走り続けていた。

おわりに

今後は江差線の江差〜木古内間が廃止になり、代行バスに切り替わると、どうなるのであろうか。その前に現在の江差〜函館間の公共交通機関は、

1. JR 江差線－営業キロ 76.8km・運賃 1790 円・所要時間 2 時間 08 分〜2 時間 41 分。
2. 函館バス路線（国道 227 号線厚沢部町〜大野町経由）－運賃 1830 円・所要時間 2 時間 15 分。

とほぼ互角の運賃と所要時間である。

江差〜木古内間が廃止されると、道道 5 号線を走る代行バスに切り替わることは決まっているが、運賃と所要時間は今の時点では公表されていない。運賃は今までの例でいうと列車の 1.3 倍程度となろうから 1170 円として、木古内〜函館間の JR 運賃 810円を足すと 1980 円程度になろう。沿線住民の足代は 4 月からの消費税増税分を含めるとかなりの負担増になることと、高校通学時の混雑が予想される。

第4章　江差線名所案内

北斗市

落合治彦（上磯地方史研究会会長）

葛登支岬灯台

通称“当別の灯台”と呼ばれている葛登支岬灯台は函館湾の南西端に建つ。納沙布岬灯台（明治5年7月、根室市）、日和山灯台（明治16年10月、小樽市）、宗谷岬灯台（明治18年9月、稚内市）に次いで、明治18（1885）年12月15日、道内で4番目に点灯した。

建設当初は、高さ8.9m、木造八角形の白色灯台で3等級、光源は1750カンデラだった。その後、昭和25（1950）年に高さ15.75mの鉄筋コンクリートに改築され、光源も5万カンデラと強くなった。約34km先まで放射するフランス製の大型レンズは、遠くから見ると、光の強弱によって、ついたり消えたりするように見える特殊な構造で、日本で唯一の貴重なものである。

昭和61（1986）年に無人化されたが、約130年間、函館湾の道しるべとなり、船舶の安全を守り続けている。

葛登支岬灯台

男爵いもの父・川田龍吉

川田龍吉男爵

北斗市当別町には、男爵いもの父として知られる川田龍吉の足跡をたどる「男爵資料館」がある。龍吉は安政3（1856）年、土佐の杓田村（現高知市旭元町）の郷士、川田小一郎の長男として生まれた。小一郎は岩崎弥太郎が創立した三菱商会に深く関わり、後に第3代日本銀行総裁を務めた人物である。

龍吉は大阪岩崎邸内の英語学校に入学しアメリカ人教師から英語を学び、その後慶應義塾医学所を中退後に渡英。レンフリュー造船所で造船技術を学びながら、グラスゴー大学技芸科を修了し、七年間の修業を終えて28歳で帰国した。

その後、三菱製鉄所、日本郵船を経て、41歳で明治30（1897）年に横浜ドック（横浜船渠）の初代社長に就任した。その実績が評価され、経営不振に陥っていた函館ドック（函館船渠会社）を再建するために専務として招聘され、弟豊吉とともに北海道に渡った。

明治39（1906）年に函館ドックの経営が軌道に乗ったことを見届けると、退社後は北海道農業の近代化に貢献することを決意し、渡島当別（現北斗市）や七飯町に農場を建設。明治41（1908）年、イギリスとアメリカからアイリッシュ・コブラーの種イモを七飯町の農場に導入して、北海道に適した馬鈴薯を開発し、後

導入後1世紀を経た男爵薯　北農研

川田男爵が北海道へ持ち込んだ最初の自動車はロコモビル社製（アメリカ）
上磯町史「道程」

小高い丘の上、森の中に立つトラピスト修道院

に、男爵イモとして広まった。

龍吉は 92 歳で洗礼を受け、昭和 26（1951）年に 95 歳で没したが、龍吉が開発に貢献した男爵イモは 100 年経ったいまでも、ジャガイモの代表的な品種として残る。

トラピスト修道院

道南を代表する観光名所として全国的にも知られるトラピスト修道院。キリスト教カトリック厳律シトー会の修道院で、正式には「灯台の聖母トラピスト修道院」という。現在も 30 人あまりの修道士が祈りと労働をモットーに、自給自足の生活を続けている。

トラピスト修道院は明治 29（1896）年、フランスからジェラル・プーリエ院長（後に帰化し岡田普理衛と改名）ら 9 人の修道士がこの地を訪れ、日本最初の男子トラピスト修道院として創設されたのがはじまりである。現在のレンガ造りの修道院本館は明治 40（1907）年に建築された。

修道士の生活の中心は祈りと労働、読書。祈りは早朝から夜までささげられる。乳牛も飼育しており、隣接する工場で生産されるバター、クッキー、バターあめは函館土産の名物となっている。

赤とんぼ・三木露風

詩人の三木露風は大正末期、プーリエ岡田院長に招かれ、文学講師としてトラピスト修道院に滞在し、童謡「赤とんぼ」を作詞したことでも知られる。

露風は明治 22（1889）年に兵庫県龍野町に生まれた。17 歳で詩集「夏姫」、20 歳で「廃園」を出版し、象徴詩風の北原白秋と「白・露時代」を築いた。大正 4（1915）年 7 月、26 歳のときに 3 週間ほどトラピスト修道院を訪れ「良心」を出版、大正 6（1917）年にも訪れた。大正 9（1920）年に岡田普理衛院長に招かれ、修道士の文学講師として、なか夫人とともに 4 年あまり滞在した。その間に「野ばら」（大正 6 年）や「赤とんぼ」（大正 10 年）など、多くの作品を発表した。昭和 2（1927）年には「赤とんぼ」の詞に山田耕筰がメロディを作曲し、名曲が誕生した。

三木露風の説明版

松前藩戸切地陣屋跡

松前藩戸切地陣屋は安政元（1854）年の日米和親条約（神奈川条約）締結後、幕府が蝦夷地の防衛強化のため松前藩に命じて造らせた砦で、安政 2（1855）年に完成した。昭和 40（1965）年に国指定史跡に指定された。

フランスの築城家、ボーバンの流れをくむ築城法で造られた日本で初めての洋式稜堡型（四稜）の形をした城郭である。土塁と空濠を巡らせ、大砲六門

松前藩戸切地陣屋跡

松前藩戸切地陣屋跡

と十七棟の建物があった。駐屯していた隊は、守備のかたわら、屯田兵の制をしいたという。明治元(1868) 年、箱館戦争で旧幕府軍の進攻にあい、撤退を決めた松前藩の守備隊が自ら焼き払った。

明治37年(1904年)、日露戦争の勝利を記念して、所有者の函館の呉服問屋である岩船峯次郎が表御門跡から陣屋登り口までの脇道に桜の木を植樹した。以来、桜の名所としても知られる。

茂別館

茂別館は中世期の貴重な史跡で、松前藩の史書「新羅之記録」に掲載された道南12館のうちの一つである。茂辺地川の左岸の河口近い段丘上にあり、大館、小館、中館から成る。空堀や土塁等による城郭規模は広大で、現在も土塁と空堀が残っている。昭和57 (1982) 年に国の史跡として指定された。

嘉吉3 (1443) 年、津軽の管領、安東盛季が南部義政に十三湊を攻略され、さらに小泊も奪われ蝦夷

洞爺丸台風の惨状

地へ渡海したときに築かれた。享徳3 (1454) 年から康正2 (1456) 年までは安東政季が居城とし、後に弟の家政がこの館を守護した。

長禄元 (1457) 年のコシャマインの戦いでは、12館のうち花沢館（上ノ国）と茂別館だけがかろうじて残り、他は陥落した。永禄5(1562)年に家政の孫、師季の代に館は廃絶したが、子孫は松前氏に仕えて茂別を給所とし、藩の重臣となった。

洞爺丸台風の慰霊碑

昭和29 (1954) 年9月26日、台風15号が北海道を襲い、函館湾にいた洞爺丸、第11青函丸、北見丸、十勝丸、日高丸の青函連絡船5隻が沈没し、1430人の死者・行方不明者を出した。生存者はわずか202人。犠牲者のうち、国鉄職員は5隻の乗務員の約8割にあたる計353人だった。洞爺丸は同年8月7日、札幌市で開催の国体出席の天皇・皇后の御召艦として津軽海峡を渡海、その約1ヶ月後に起こった事故であった。

洞爺丸の慰霊碑は事故の翌年、昭和30 (1955) 年8月25日に建立された。慰霊碑は高さ約5m、横幅は約13m。重厚かつシンプルなデザインである。表に一編の詩があり、裏面に仔細の記述があるが、撰者名が無いこと、文体が難解なことが惜しまれる。

洞爺丸事故を機に、青函トンネルの建設構想は一気に高まり、着工から24年かけて昭和63 (1988) 年に青函トンネルが開通した。

太平洋セメント上磯工場

平成18 (2006) 年、上磯町と大野町が合併し、

太平洋セメント上磯工場から函館湾を臨む。遠くに海上栈橋も見える

北斗市が誕生した。

「上磯―かみいそ―」と言えば「セメントの町」。誰もがそう答えた。町民の多くがセメントと深く関わって生活してきた。

無尽蔵とも言われた原石（石灰石）に恵まれた上磯の地。先達が村有財産として国の払い下げを受け、子孫に残したことから始まった。

会社の組織はめまぐるしく変わった。上磯セメント→北海道セメント㈱→浅野セメント㈱→日本セメント㈱→太平洋セメント㈱と世界の情勢にあわせて変化した。

工場までの原石移送も馬からトロッコ、汽車から電車、ベルトコンベアとなり、栈橋やダンプ、貨車によって製品が輸送されていたが、現在は海中へ長くせり出したベルコンで直接船へとバラ積みにされている。

故郷の風景も大きく様変わりした。

峩朗鉱山から工場まで原石を運ぶ汽車　　上磯町史「道程」

八郎沼公園

八郎沼公園は昭和50（1975）年に大野町が開設した公園である。総面積11ha、沼面3ha。公園には体験農園と観光農園、パークゴルフ場も隣接している。

中村長八郎が開拓使官吏から入植した山田致人の牧場跡を整備し、養鯉園としたことから、八郎沼と呼ばれるようになった。

桜・スイレン・藤の花から秋の紅葉まで、季節の花々と栗・ドングリの実がこぼれる。鯉やフナ釣りを楽しむプロから、ザリガニや蛙を追う家族づれや遠足の生徒たち、そしてさまざまなサークルやグループの人々が、それぞれに楽しむ市民の憩いの場となっている。

八郎沼の水面に咲くスイレン

旧寿楽園跡

明治から昭和期にかけての作家で詩人でもある島崎藤村の夫人は、当別にある広大な庭園「寿楽園」を造った函館の財産家の娘フユである。

函館の漁網商、秦慶治の三女フユ（冬子）は島崎藤村と結婚、「破戒」の出版費400円を借りるため、明治37（1904）年7月に来函。明治39（1906）年に藤村はこの出版費のおかげで文壇デビューすることができた。長女アサの婿養子貞三郎（号寿翁）が慶治を継ぎ、渡島当別に60余町歩の山林経営を開始。約37000坪に7面の池を

寿楽園の島崎藤村の碑

配し、5基の石碑を建て、洋館風の別荘としたのが「寿楽園」である。

大正10（1921）年、貞三郎還暦記念に児童文学家で俳人の巌谷小波が寄せた「花長者水にも富める眺かな」の句と、藤村の「寿翁遺跡碑文」をはめた碑が有名である。小波と川田男爵の弟川田豊吉は尾崎紅葉の「金色夜叉」のモデルと言われているから、2人は寿楽園を見ているかも知れない。

寿楽園は昭和54（1979）年に工藤忠孝さんが5ヶ年を費やし見事に復元されたが、その後バブル経済の荒波にもまれ数奇な運命をたどった。

上磯軽便鉄道

大正2（1913）年9月15日、五稜郭～上磯駅間に開通された鉄道は、上磯軽便線と呼ばれた。隣接する大野町の来降客と農産物貨物運搬のため途中駅は久根別駅しかなかった。

平坦地であるが、大野川と戸切地川の鉄橋架橋の工事をするために大量の土砂を運搬した。このため戸切地川河口付近にあった幕末期の会津藩蔵屋敷の土塁が消滅したようだ。

大正11（1922）年には上磯軽便線から上磯線と改称され、大正15（1926）年には七重浜駅が開業した。

昭和5（1930）年10月25日、上磯～木古内間が開業した。上磯～渡島当別間は山岳地帯でトンネル工事が多かった。特に矢不来トンネルの工事は、線路のルート上、矢不来天満宮の御神木と言われた松を伐採したためにお払いした神官、伐った杣夫、工事請負人等関係者6人すべてがバタバタと変死したと言う悲惨な話も残っている。

黒煙を上げて走る上磯軽便鉄道　上磯町史「道程」

しだれ桜

向野（旧大野）法亀寺の境内には、高さ12mの見事なしだれ桜がある。境内の奥まった所にありあまり知られていなかったが、最近、道道の改修工事によってお寺の正面となり、多くの見物者がつめかけている。開花の期間中は、市の観光協会により、ライトアップされ、2万人前後の人が訪れる。

2年後の北海道新幹線開業を見込んで、「桜回廊」として、観光資源の一翼を担うが、害鳥「ウソ」による被害や、樹木の根元を踏み固める被害に配慮が必要である。北斗市には、清川の千本桜、明治期より有名な戸切地陣屋跡、トラピスト修道院、ダム公園など桜の名勝が増えつつある。

法亀寺の桜のライトアップ

木古内町

木元　豊（木古内町教育委員会）

寒中みそぎ祭

町の無形文化財に指定されている寒中みそぎ祭は、古来、まちの鎮守さまとして崇められてきた佐女川神社の神事である。その起源は天保2(1831)年、佐女川神社の神社守が夢のなかで「御神体を清めよ」との神のお告げをうけ、厳寒の正月17日に自身を清めたあと御神体を海水で洗い、みそぎを行ったところその年から豊漁豊作に恵まれたことがそのはじまりと伝えられている。

以来、毎年1月15日（以前は17日）に行修者として選ばれた四人の若者が四柱の御神体を抱いて猛吹雪であろうとも海に入り清めを行う。海水は浄祓力が特に強いと信じられてきた。神事としてのみそぎ祭のなかで海中沐浴は、必ずしも本質的な部分ではないが、この神事を有名にしている中核部分である。行修者本人たちにとっては、海中より陸地での寒風や冷水を浴びることの方がより辛いものであり、荒行に耐え続けるその真摯な姿が見ている人々の感動を生む。

また、この神事にあわせて官民一体となって開催される「寒中みそぎフェスティバル」では、各種のイベントや地元の郷土料理がふるまわれるなど大勢の人々で賑わっている。

みそぎ浜

みそぎ斎場ともよばれるみそぎ浜は、佐女川神社の神事「寒中みそぎ祭」のハイライト会場として知られ、四人の行修者による御神体の海中沐浴が執り行われる海浜である。

神社の遷宮（昭和40年）以前は、現在地より東方約400mの場所で行われていた。このころのみそぎ浜は、いまと比べて砂浜が広くあって地引網漁やイワシの大漁に伴う陸揚げ施設などがあり、相当な賑わいを見せていた。現在のみそぎ浜には、平成元(1989)年に鳥居と記念碑が建立され、碑には佐女川神社の由来とみそぎ事始めが記されている。

浜の前面に広がる津軽海峡、好天時には左方に函館山、海を隔てて青森県の下北と津軽の半島が眺望できる。

薬師山と三十三観音

薬師の名を冠した山は、全国に数十あるといわれる。そのなかでも、木古内町の薬師山は最も低い(72m)範疇に数えられ、登頂しやすく親しみやすい山である。山頂には山名の由来となっている薬師堂が鎮座し、なかに数々の言い伝えがある薬師如来像が祀られている。

庶民の病苦を救い、無明の痼疾をいやす如来様は、天保12（1841）年の建立とされ、現在でも建立日にあわせて恒例祭が行われている。お堂の裏手には「薬師山の三本杉」という木がある。実はオンコの木なのだが、根から三本の幹が出ているらしい。こ

ご神体を抱き、厳寒の海に駆け込む４人の行修者

津軽海峡と町内が一望できる薬師山からの風景

れには不幸な死を遂げた夫婦と子供の3人を供養するために植樹されたという伝説がある。

また、山頂から麓周辺にかけて、三十三観音が像立されている。これらの観音像は、本州の霊場に行けない人たちのためにと昭和9（1934）年、皇太子さま（現天皇陛下）の誕生日を記念して願應寺檀家の浄財で建立されたものである。

箱館戦争の折には、隊長の大鳥圭介がこの山頂で指揮を執った。時がうつろい、いまでは毎年5月になると山の中腹に見事に咲き誇る芝桜が人々を魅了する。霊峰とよぶにはいささか大げさではあるが、まちのシンボルとしてふさわしいその山姿は、今昔普遍のものに映っている。

チューリップが咲き誇るサラキ岬

咸臨丸が眠るサラキ岬

咸臨丸は徳川幕府が近代海軍創設のためにオランダに発注して造られた機帆走軍艦である。建造費は約10万ドル、安政3（1856）年に完成し長崎海軍伝習所の練習艦として海軍士官を養成する一方、日米修好通商条約批准交換のため、日本人として初めて太平洋を横断し、その名を世界に広めた。

慶応4（1868）年、徳川家とその家臣の存続を賭けて蝦夷に共和国の建設を目指し、品川港を出港したものの相次ぐ悲運に遭遇、その夢は断たれてしまう。その後の咸臨丸は、本道と東京を結ぶ輸送船として使われていたが、明治4（1871）年、何らかの原因でサラキ岬の岩礁帯に乗り上げ、期待と願いを果たすことができずに座礁し沈没、その短い生涯を閉じている。座礁の際には地元民が総出で懸命な救出活動を行い、全員無事に上陸させた記録が残る。

岬の岩礁は沖合い深く突き出ており、過去に何隻もの船が座礁を繰り返した海の難所として指定されている。現在は咸臨丸がオランダで誕生したことが縁を結び、チューリップ花壇が整備され、咸臨丸のモニュメントや終焉記念碑、史跡看板などもある。毎年5月には約80種、5万本のチューリップが花開き、物産展やイベントが行われる「チューリップフェア」も開催されている。

佐女川神社

江戸時代に入り、一般庶民の間にも伊勢信仰が広まり、北海道においても16世紀以降には神社祭祀が見られるようになった。

佐女川神社は、まちの伝統神事「寒中みそぎ祭」を執り仕切る本部で、昭和40（1965）年に現在地に遷宮している。その起源は寛永2（1625）年、松

咸臨丸のドキュメント

背中に冷水を浴び豊漁豊作を祈る行修者

前藩地頭の河野加賀守源景広が武運長久を祈願し、祠が建てられたことに依っていて、社紋の四菱（割菱）がその系譜であることの証左となっている。社名の「佐女川」は、まちの市街中心を流れる河川と同名で、旧記には「鮫川大明神」の名や古地図に「鮫川」とあることから旧来は、鮫川とよばれ表記されていたようだ。

竜神様の系譜である女神（玉依姫命）をお祀りしているが、もともと川の畔に多くの女神を祀る小祠があって、村人たちの信仰を集めていたことから「村人たちを救う女神の住む川」、そして「佐」は助け、救うの意で、「佐女川」と表されるようになったと伝えられている。

冬のみそぎ祭、夏の例大祭で奏上される松前神楽の小気味よい調べは、人々の非日常性を体現させ、束の間の楽しみ、癒しを与えてくれるように感じる。

禅燈寺と鶴岡

禅燈寺は姉妹提携を結んでいる山形県鶴岡市の善寶寺の末寺として、明治33（1900）年に本堂が落成した。曹洞宗の寺院で本尊は、釈迦如来様だが、本寺の善寶寺は海の守護神である龍神様をお祀りしていて、その系譜をひいている。初代住職を務めた佐藤岱静氏の献身的な活動によって、本堂建立が成し遂げられた。

山門は大正初期の建立で、二層建ての二重門構造を成す。左右に仁王像（金剛力士像）、天井に鳴龍が描かれており、道内ではあまり見られない。「阿形」の密迹金剛、「吽形」の那羅延金剛像は、当時、函館に在住していた仏師二代目風間壮慶氏による。

仁王門と本堂の間を横切るJR江差線

また、表参道をJR江差線が横断しているという全国的にも希少な構図が見られるお寺として鉄道ファンにも人気がある。

お寺がある木古内町鶴岡は、明治半ばに旧庄内藩士の方々が移住して拓かれた土地で、姉妹都市「山形県鶴岡市」との由縁がここにある。激動期の廃藩置県をはじめとした諸政策の中で、新天地を求めて移住したものの、士族による農業は想像を絶する苦難の連続であったようだ。それでもこの土地を離れず、累々たる努力の積み重ねによって今の田園風景がここにあるのだと歴史は語っているようだ。

木古内駅上空

上ノ国町

松崎水穂（元上ノ国町教育委員会）

江戸時代中期、宝暦年間（1751～1763）ころの上ノ国
―小玉貞良筆江差屏風（函館市旧相馬邸蔵）部分―

はじめに

江差線が渡島との分水界稲穂峠を越えて、檜山へと谷あいを辿り湯ノ岱まで到達したのは昭和10(1935) 年であった。稲穂峠や七ッ岳などに源を発する天ノ川の流れに沿い、支流なども跨ぎながら中須田の駅にさしかかる頃、前方左に小さな三角形の山が見えてくる。夷王山である。

「町外からお客様が来たらかならず夷王山に登ります（経田孝子さん―「北海道自然100選紀行」)」という町民自慢の景勝地で、512種を紹介する「夷王山とその周辺の草花たち」を道連れに折々の彩りを楽しむこともできる。

本州に戦国争乱の嵐が吹き荒れていたころ、この夷王山山麓の山城にあって、日本海交易を足場に夷《えぞが》島《しま》に覇を唱えた豪族があった。上之国館ともいわれた勝山館に居した武田・蠣崎氏一族である。

つい最近、紛れもない江戸時代中頃の上ノ国の街筋が屏風に描かれていることを知った。鯡漁で賑わう江差とその周辺を描いた江差屏風の異本旧相馬邸所蔵本の右第1扇と2扇である。

松前から北上して、大崎・原歌の野道の道すがら、海中に落ち込む立待岬の窓岩を左に見て上ノ国の街へと下ると上國寺や若宮社があり、背後の勝山館跡頂部には館神八幡宮が鎮座している。綱手引くともいう渡し舟や、馬の背、徒渡りに天ノ川を渡る人もある。川向いの毘沙門堂を過ぎると内郷から椴川、江差への道行きとなる。天ノ川や椴川の奥に描かれた樹木は松浦武四郎が檜山の郡名のもととした、名産の檜（ヒバ・アスナロヒノキ）であろうか。

この屏風絵に江戸時代以来書き残され、語り継がれてきたことを重ねながら、直接には語る資料の少ない往時の上ノ国のいくつかを辿ってみたい。

勝地夷王山からの眺望―中央左鴎島　左に目を転じるとせたな海岸・太田岬、海上に奥尻島・渡島大島が浮かび、右に勝山館跡・天ノ川河口をのぞまれる

夷王山山腹の「天」の火文字　手前は夷王山墳墓群

上之国館跡
（花沢館跡・洲崎館跡・勝山館跡）

日本海交易の拠点―武田・蠣崎氏台頭

平安朝のころから、夷島がもたらすヒグマやシカの毛皮、ワシ・タカの羽やアザラシ・ラッコ皮、鮭・昆布などの産物は王侯貴族をはじめとする本州人が競って求めるものとなっていた。鎌倉時代の夷島は罪人追放の地となり、幕府代官津軽安藤氏が管理していた。夷島には日ノ本《ひのもと》・唐子《からこ》・渡党《わたりとう》があり、渡党

は交易のため時々津軽にやってきた。15世紀中頃、渡島半島南部津軽海峡沿いの函館市志海苔町から上ノ国町の間に12の館があり、津軽の豪族安藤氏に繋がる館主などが周辺を治めていたとされている。

天ノ川河口の南北に国史跡上之国館跡（花沢館跡・洲崎館跡・勝山館跡の3館跡）がある。河口南岸700mにある花沢館跡は松前氏の来歴を記す北海道最古の記録「新羅之記録《しんらのきろく》」に上之國守護蠣崎季繁が居城したと記される、所謂道南12館の一つである。長禄元（1457）年、コシャマインとの戦いに辛勝し蠣崎氏の婿となった松前氏の初代武田（蠣崎）信広は、対岸1.3kmに洲崎館を築いて天ノ川北岸を手中にし、文明5（1473）年頃までには河口南西300mに山城勝山館を築いた。

勝山館跡背後の夷王山山頂からは北・西にせたな町太田岬、奥尻島、渡島大島の浮かぶ日本海と南松前にいたる海岸線、東は稲穂峠越えに木古内・津軽海峡へと通じる天ノ川の流れが一望される。武田・蠣崎氏は、無碇の異称をもつ大澗と天ノ川河口の潟を一続きの湊として、北方・日本海交易を掌握して勢力を伸ばした。

永正11（1514）年2代蠣崎光広の時に松前進出を果たし、安藤氏夷島代官の地位を獲得、5代慶広の時に豊臣秀吉から朱印状を得て安藤氏から独立し、慶長4（1599）年には姓を松前と改めた。勝山館には慶長の初めまで一族などの重臣が城代に置かれ、松前大館の脇館として日本海交易を統括し宗家・蠣崎氏を支えた。

北の中世世界を体感

昭和54（1979）年から行った発掘調査により、前後に空堀を切って橋を架け柵で囲んだ中心部に幅3.6mの通路を縦に通し、対面所を備えた客殿、井戸、鍛冶作業場、掘建柱・竪穴建物などを左右に配置していることが分かった。また、刀や矢尻・鉄砲玉、硯・茶臼・キセル、鋸・釘・釣り針、数珠玉・紅皿・下駄、箸・椀、馬・犬、クマ・アシカ・オットセイの骨などの出土品により、武士、職人、男女、子供など勝山館跡に暮らした様々な人たちの姿が知られるようになった。

5万点あまりの陶磁器（45％は中国製などの貿易陶磁）、鉄砲玉やキセルなどの海外新来の文物、仏

勝山館跡・夷王山墳墓群の発掘

勝山館跡からの眺め　中央通路左右に建物が配置されていた

教具や茶道具など本州文化の定着を示すものなどは、本州との交易で賑わっていた勝山館を語っている。また600点余りの骨角器類は、夷王山墳墓群から見つかったアイヌの墓とともに、館内にアイヌが混住していたことを示している。

勝山館跡の壮大な景観を前にして、歴史家網野善彦や石井進は、勝山館は聖地や勝地に城館をつくる中性的観念を体現した城館であるという。

復原整備された空壕、橋、柵、中央通路、客殿、井戸などの建物跡や、夷王山の麓のガイダンス施設に展示されている全体模型、墓のレプリカ、出土品、CGを駆使した映像などの展観をよって、館での生活や、北の中世世界を具体的に体感することが出来るであろう。なお、出土品の内900点あまりは平成20（2008）年国の重要文化財に指定された。

上ノ国三社（毘沙門天王社・館神八幡宮・医王山社）と松前藩主祖廟詣で

毘沙門天王社（現砂館神社）、館神八幡宮（上ノ國八幡宮）、医王山社（夷王山神社）は上ノ国三社

として松前藩が篤く崇敬し、江戸時代を通して藩主の一代一参、正月恒例の家臣による代参がおこなわれ、藩により造営・維持された。毘沙門天王社と館神八幡宮は松前氏祖武田信広が洲崎館・勝山館の守護神として創立した氏神であり、医王山社は夷王山山麓の墳墓に眠る氏祖などの一族を祀る霊廟であった。

毘沙門天王社

その由緒が「古櫃の浜の伝説」として「新羅之記録」に登場する毘沙門天王社は、康正3・長禄元（1457）年夏に洲崎館を築き、天ノ川北岸に勢力を広げた武田・蠣崎氏がその仕上げに寛正3（1462）年館の守護神として祀った社であるが、この年はまた上之國守護花沢館主蠣崎季繁（武田信広義父）が没し、武田信広が蠣崎氏を継いだ節目の時でもあった。

藩主社参や代参は先ずこの社に詣でることが例とされた。「新羅之記録」に天文10（1548）年四代蠣崎季広が社参の時、勝山館城代蠣崎基広の謀反が露見したと記す。現本殿は安永7（1778）年山神祭の時に焼失、翌年再建された社殿で昭和60（1985）年北海道有形文化財に指定された。

上ノ國八幡宮本殿（元禄 12 年建立）17 世紀に遡る北海道唯一の社殿
細川伸哉氏撮影

上ノ國八幡宮拝殿　軒や棟の瓦に丸に金の文字が見える

館神八幡宮（上ノ國八幡宮）

館神八幡宮は文明5（1473）年上国館上に館神として祀ったのが始まりとされる。蠣崎季繁の後を継いだ武田信広は、このころまでに勝山館を築き、八幡神を祀ったと考えられる。文政5（1822）年11代藩主松前章広が領地替えとなっていた奥州梁川から松前に復領・帰国したことを謝して奉納した「國土清寧」の書などが伝えられている。

現在の本殿は元禄12（1699）年に再建された一間社流造・杮葺の社殿で、勝山館跡頂部の覆屋内に安置されていた。明和7（1770）年の覆屋営繕にあたり、柱材などを寄進した村人の名を記した墨書が本殿内に残されている。明治9（1876）年現在地に移されたが、北海道内では唯一の17世紀に遡る建造物で、上ノ国町有形文化財に指定されている。

併せて祀られている若宮社は慶長3（1589）年、上國寺の別当を兼ね、八幡宮社家小滝氏の祖とされる大蔵法印秀海が、法力で鯡《にしん》を呼び寄せた大蔵鯡伝説で名高く、江戸時代は八幡宮の拝殿を兼ねた社殿が現上ノ國八幡宮付近にあり、海側を大蔵屋敷といったという。

現拝殿は弘化2（1845）年江差の曹洞宗正覚院境内に建立された金比羅堂が前身である。明治の神仏分離令により廃されたが、八幡宮本殿の移設にあたり、拝殿として移築再建された。向拝の重厚な彫刻は目を見張るものがあるが、軒や棟の瓦に残された丸に金の文字は、明治政府の宗教政策がこの地にも確かに及んだことを知らせている。

医王山社

寛政元（1789）年6月、医王山山頂の祠に詣でた菅江真澄は「医王山頭陀寺永禄七年三月」と記された薬師仏が納められていたことを記し、章広は松前帰国に先立ち社殿を再建している。松前藩随一の碩学・家老松前広長は「松前藩建国以来4代の葬地は未詳、西部上ノ国その葬地」との伝えを記し、明治

13（1880）年、「松前家記」は「武田信広を城西後ろの山に葬り、夷王山と名付けた」としている。

夷王山の山麓に勝山館跡の背後を囲むように六地区にまたがって600あまりの墓がある。土葬や火葬の仏教様式の墓とアイヌの埋葬様式の墓、火葬の跡が発掘され、松前氏が夷王山を崇敬する背景が窺われた。夷王山には遅くとも16世紀中頃以来薬師信仰があり、江戸時代に松前氏が祖廟詣でや代参行事を恒例とする聖地とされていた様子が知られる。

福山（松前）から上ノ国・江差その北へと、日本海沿いに幕府巡見使を始め多くの文人墨客・旅人が歩みを進めた。歴代の藩主が封を継ぐと氏祖の眠る上ノ国の祖廟に参詣し、諸村を巡視したこの『上ノ国祖廟詣』・『上ノ国詣』の道が平成8（1996）年11月に文化庁の「歴史の道100選」の一つに、北海道から唯一選定された。

上國寺本堂（華徳山上國寺）

浄土宗鎮西派の寺院で本尊は阿弥陀如来。明治12（1879）年頃の寺伝では嘉吉3（1443）年の草創、享禄3（1530）年の開山とされるが、永禄年中（1558～1569）開創、寛永20（1643）年建立説などがあり、開基・創立年代については明らかでない。9世了宣法印の没した延宝2（1674）年までは真言宗であったという。

本堂は宝暦8（1758）年建立の北海道では数少ない18世紀に遡る寺院建築。国指定重要文化財。平成20（2008）年12月～平成23（2011）年7月まで文化庁の補助事業で半解体の上保存修理工事が行われた。総事業費は227,000,000円。解体時の調査で、現本堂は「宝暦7年本堂・庫裡一度に建立・明和6年屋根内陣皆造作宮殿佛具も建立」という寺伝の修理記録にほぼ近く、宝暦8（1758）年に建立され、宝暦11（1761）年、明和6（1769）年に手が加えられていることが明らかになった。それはまた、明和3（1766）年に落成した浄土真宗清浄寺の内陣に見劣りしないようにしたものという推測（続上ノ国村史）を裏付けるものと思われる。

なお、本堂須弥壇には「享保20年・能登の塗師屋・法誉上人建立」などの墨書があり、前代の本堂から引き継がれたものであることが分かる。江差屏風には山門の鐘楼が描かれるが、鐘は弘化年間（1844～1846）海防のため大砲鋳造に使用され、山門は文久3（1863）年に倒壊したという。

寛政元（1789）年4、6月、太田山詣り往復の途次上國寺を訪れた菅江真澄は松逕上人から「快山法印が永禄の昔開いた」と聞かされ、そばの大きな桜をみながら、村の人たちはこの花が咲き始めるともう鯡は群来ないと嘆き一向に花を楽しむ人がないとほほえみ語ったことを記す。

境内西の裏山に松前藩が治山のために植えたといわれるエゾ榎の大木があり、境内には、逓送集配人の凍死を追悼して明治24（1891）年建立の石碑や大正9（1920）年116名の死者を出したインフルエンザ（スペイン風邪）追悼碑があり、山門の両脇には女丈夫「まき女」が江差から背負ってきたという6体の石地蔵がある。

なお、上ノ國八幡宮本殿、上國寺本堂、清浄寺本堂、砂館神社本殿、上ノ國八幡宮拝殿、さらには旧笹浪家住宅などが集積するこの地区は、17世紀末葉から明治にいたる建造物の集積するエリアでもある。

修復なった重要文化財上國寺本堂

円空作十一面観音立像

慕われる微笑仏、円空さん

上國寺や上ノ國八幡宮をはじめ松前町など道南所在の寺社にはその縁起を安藤氏や松前氏の前身蠣崎氏の渡海や上ノ国への進出に求めているものが多い。また、日蓮宗日持上人が鎌倉時代に函館の東、石崎に庵居し、享禄2（1529）年日尋がその跡を慕って渡海、上ノ国に草庵法華堂を結んだとされ、本願寺蓮如の弟子弘賢が明応8（1499）年上國に（夷）浄願寺を建てたとされる。

これにたいして、江戸時代のはじめから今日まで、

十一面観音立像—北海道指定有形文化財　上ノ国観音講蔵　先人の足あと　上ノ国町郷土館より

日々の生活の中で敬愛され子供たちにまで親しまれ、信仰されてきたのが円空仏である。円空（1632～1695）は美濃国の生まれとされ、その初期に蝦夷地に亘り日本海側は太田山、噴火湾沿いに有珠あたりまで巡錫して自作の像を残し、今釈迦といわれたともいう。

生涯12万体の作仏を祈願したといわれ、荒削りの鉈彫りの諸像が知られているが、北海道の諸像は儀軌《ぎき》に従ったものとされ、表情も穏やかだ。40体あまりが知られているが、多くは観音座像でその特徴から北海道型、称名寺様式などと呼ばれている。

上ノ国観音堂の一体は道内では最大で唯一の十一面観音立像で北海道指定有形文化財となっている。そのかたわらにお顔も衣紋も消え去った小像がある。十一面観音像もふくめて、道内の円空仏には顔などがすり減ったり痛んでだりしているものがある。「とても子供好きな観音様でよく子供たちの遊び相手になった、一緒に川遊びをした、それをとがめる大人がかえってえんくさんに叱られた」「（体-像の一部-を削って）戦争に行く人にお守りに持たせた、病気の人に煎じて飲ませた」などの話が各所に伝えられている。

村人にかくまわれて

上ノ国町内には6体の円空仏がある。一体は漂流仏だが、ほかは堂社に祀られていた。漂流仏は明治の初め、廃仏毀釈の時に海に出されたものとされている。十一面観音像は観音堂の前身山神社にあったが長谷川喜平太が隠し、“きへんだの観音様”とよばれ現在に至った。砂館神社の一堂に安置されていた円空像は野坂彌右衛門が自宅に隠し、木の子光明寺の像は稲荷社にあったが村人某が隠した。石崎八幡神社の円空像は烏帽子直垂をつけてことなきを得た。

円空の渡道年は寛文6（1666）年正月に青森滞在の記録があり、広尾や有珠などの3体に寛文6年の銘があることから、この年が定説とされている。松前藩の史書「福山秘府」に寛文5（1665）年創立の堂社に円空仏を祀る記録があることなどから、5年、5・6年2回渡道説もある。また、離道についても異説がある。

旧笹浪家住宅

北海道最古の住宅

上ノ國八幡宮の東を流れる宮ノ沢川を間に国道沿いに建っている石置屋根の住宅で、天保9（1838）年に没した5代目久右衛門が建てたと伝えられていた。20年ほど後の安政4・5（1857・8）年に家の土台替え、屋根の葺替えをしたことが「家督普請扣」に書き残されており、家伝通りの19世紀前半に遡る北海道最古の住宅建築とされている。

初代久右衛門は能登の国笹浪（波）村（石川県珠洲市）の出で、享保年間（1716～1735）に松前に渡り、上ノ国に移り住んだ。当主は代々久右衛門を名乗り、仝（ホシヤマニ）を家印に、屋号を能登屋と称した。5代目久右衛門は越後椎谷村の出で、4代目久右衛門の娘婿となり、家業に励んで4男7女を得た。子女には財産を与えて数軒の分家、あるいは江差の商家等へ稼がせ、一族繁栄の基を築いた。8代目久右衛門は鰊刺網漁に加えて荒物・小間物・海産物等を販売し、建網漁を経営する一方、明治以降は水田開墾等の農業に目を配り、「笹浪家は将来移

旧笹浪家住宅

住者の鏡」とまで称された。慶応２（1866）年以来の松前侯への献金等により苗字・式日登城御目見得をゆるされ、徒士格に列せられた。

11代当主故笹浪久英氏によると、８代目久右衛門の頃が能登屋の全盛期で、「七つの蔵にないものは馬の角ばかり」と称されたり、苗字帯刀をゆるされて笹浪を名乗り、書院造りの離れを建てたりしたという。年寄や名主などの村役を務めたが、明治２（1869）年には旧幕府軍への協力を問われ入牢している。

鯡御殿建築の初源

冬季に正面・北から吹き付ける浜風に備えて軒先を低くし、山が迫る背面を高くして採光をはかる、石置き柾葺屋根の切り妻造り平入りの建物。主屋外側は縦板壁で表面にヒノキアスナロの樹皮を張って防寒を高めている。正面は明治26（1893）年道路拡張時に下屋を三尺切りつめ、せがい造りの軒周り、高価なガラスを入れた庇つきの出窓に換え、内部のザシキやミセ、トコ、ブツマなども改め天井を張ったという。

正面西寄りの出入り口を入ると八尺幅の通り庭が通り、左（東）側にミセ、ザシキなど５室、右側手前に２室を配し、奥の土間は井戸、竈を設けた炊事場となっている。ミセの南（山）側は21畳大の大きなイタマになっているが、この上に東西に入る段違いの梁組が、南面高窓とあいまってダイナミックな空間を作り出している。右側は10畳大のイタマ２室でシテンドコ（下台所―11代久英氏夫人故ムラ氏談）として使われた。

ミセ・ザシキとシテンドコ側の床高を変えて格式を示すが、明治26（1893）年改装の正面出窓や出入り口の持送板にも３種類の意匠を用い、上中下の格式を表している。部材はほとんどが地元産のヒノキアスナロであるが、久英氏は、「ヒノキはお上のものだったので雑木を使用した」また「低い軒先は越後に由来する」としていた。

宮ノ沢川・上ノ國八幡宮参道を介した西側には明治18（1885）年建築の重文指定土蔵と嘉永元（1848）年建築の「米・文庫蔵」が建っている。なお、米・文庫蔵は上ノ国町が入手時には損壊が激しく危険であったため調査・解体、保管した部材を再使用して復原した。

「笹浪家住宅は質素で規模も大きくはないが漁家建築や鯡御殿の成立を辿る上では最も重要な建物であり、日本海沿岸に残る江戸時代の漁場建築は北のものほど建築年代が新しくなっていて、古建築を辿ることを通して鰊漁の北上や人の動きを知ることができる」（修復の手帖）とされている。旧笹浪家住宅は11代当主久英氏とムラ夫人の強い信念と努力により伝えられたものといえよう。

なお、旧笹浪家住宅修復工事に伴う周辺の発掘調査で、15世紀以降の空堀や陶磁器、慶長年間（1595〜1614）頃の祭祀具イクパスイや丸木小弓などのアイヌ文化関連遺物、木簡・鉾形代などが出土した。

石崎漁港トンネル

上ノ国町の南部を流れる石崎川の河口部に昭和９（1934）年に建設された港湾施設。河口南西部に北へ突き出す標高約20〜27mの館の岬が北西の風をさえぎる船溜まりを修築した船入澗と、外海を繋ぐ航路として、岬下部をくりぬいて造った隧道。北東部を堤防でさえぎり川水や土砂の流入を防いだ。

海難防止と沖合漁業発展のために、北海道庁中村廉次港湾課長が設計。断面半円形のコンクリートブロック造り。長さ45m、幅9m、水深2m、トンネル高6m。東洋では唯一、世界でも珍しい様式であったという。

外海出入り口外側に直径1.4mの風車を取り付けた白い鉄塔が立ち、風で風車が回ると鐘が鳴り、夜間入港の船に位置をしらせた。船入澗内は岬が沖合からの風や波を防ぐので、荒天時には北隣りの汐吹、扇石の漁船も入港避難した。戦時下にあって、漁港工事着工がならなかった汐吹地区の漁家は、秋には船を石崎の澗に繋ぎ、朝夕通って出漁したという。

外港の防波堤を越える大時化や、堤防を越える石

完成直後の石崎漁港トンネル

崎川の氾濫で流入する土砂が澗内を浅くすることもあり、村の人々が総出で復旧につとめたりしたという。昭和40（1965）年ころから漁船の大型化が進むと、港を拡張して岬の北側先端をまわる水路が造られ、昭和58年トンネルは閉鎖された。

平成15（2003）年、国土の歴史的景観に寄与し、造形の規範となり、再現が容易でない交通部門の土木構築物として、国の登録有形文化財に登録された。また、平成18（2006）年「未来に残したい漁業漁村の歴史文化財産百選」に選定された。

館の岬の由来は、この岬が道南12館の一つ、厚谷重政を館主とする比石館跡と伝えられていることによる。館上に武神経津主神を祀る館神社がある。また比石はアイヌ語ピッウシ（石多いところ—山田秀三）による。近年の発掘調査では、道南12館が存在していた15世紀中頃よりは若干時代が下る15世紀後葉～17世紀の遺物や空堀跡などが発掘された。

なお、寛保元（1741）年、渡島大島噴火時の津波で館神社や対岸の石崎八幡神社が損壊したと記す明治期の記録がある。

天ノ川のめぐみに浴して

天河太平、竜灯伝説

“天の川が流れる街”を標榜する上ノ国町。天ノ川沿いには、東に稲穂峠を越えて木古内・津軽海峡へと通じる中野路があり、河口の湊からは本州や北方世界への扉が開かれていた。流域に資源が豊かに満ちていた天ノ川はまた万一の防御線ともなった。この地を掌握した蠣崎氏のもとで上ノ国は発展をみた。

元和4（1618）年、布教のため津軽小泊を船出した宣教師アンジェリスは深浦をへて北海道へ渡ったが大時化のため松前へ着くことができず、同船していた松前侯の甥の指示で、普段は使わない「Tçuga—ツガ」の湊に着いたという。アンジェリスの報告や地図によると、そこは松前北部の入江に注ぐ川の対岸にあたっている。また、「新羅之記録」には「上國川北天河」という記述があり、「福山秘府」にも、「『天河』は西部上國地名」とある。

寛政元（1789）年北の霊場太田山詣での途中天ノ川にさしかかり、みるみる塞がる河口を見た菅江真澄は、村人がこの川は太平山の麓（の方）から流れ来るとして、併せて「てんがたいへい」と称し、山が鳴動し、河口が塞がり水が溢れると不吉の前兆としていたことや、国後目梨の蝦夷蜂起を知らせる早馬が走り抜けるのを目にして天ノ川の占いに得心したことなどを伝える。

天ノ川河口
菅江真澄が渡し舟に乗ったのは前方の中州の先あたりか

天ノ川・天河は、もともと上ノ国の地名で、“てが・つが”と呼ばれていたようである。山田秀三は「トカ—沼のほとり・沼の上手」というアイヌ語地名を記している。太平山の対岸桂岡付近はかつて「トガ（カ）フ」「トマップ」などと呼ばれていた。アンジェリスが記したTçugaはトガ・トカに通じ、アンジェリスの舟が入ったのは河口の川湊でもあろうか。

河口の向こう、無碇《むいかり》の旧字名が残る大澗には立待岬と窓岩がのぞまれる。

美しい夕日と太公望の取り合わせが風物となっているこの岬は、先端が階段状になって海中に没し、岬の上には小さな鳥居が建っている。神《かん》の道《みち》という。夜更け、岬に不思議な灯りが上り、夷王山から八幡牧野こえてゆっくりと太平山へと進む。竜灯である。海の龍神が太平山にいる山の女神のもとへ通うの

立待岬・窓岩・神ノ道　ここから竜灯が上がり、夷王山を経て太平山へ向かうという
（「上ノ国の歴史散歩」上ノ国教育委員会より）

太平山が鳴動し、天ノ川河口が塞がると異変が起こるという。また、山の女神を龍神が訪れる竜灯伝説も名高い

昭和 37 年初秋に開通した稲穂峠吉堀トンネルは今も健在

だ。暁に戻る竜灯は飛ぶように早かったという。

立待岬の手前にある「大人《おふと》の穴」と太平山の火口の洞穴が通じていて、満潮の夜は龍神さんが潮に乗ってこの道を通ったので山の洞穴のまわりには小蟹が群れ、海藻が生えていた。本当に通じているか確かめようと洞穴に犬を追い込んだところ、しばらくして窓岩の所に出てきたという。窓岩が犬潜り穴とも呼ばれる所以である。

竜灯伝説にあやかった「天」の火文字が夏の夷王山を彩った。「カミゴン」は伝説をモチーフにした“ご当地キャラ”である。

堤切り、材木を川流し

天ノ川にはサケ・マスが遡上し、流域にはアスナロヒノキなどの木材資源が豊かである。

文禄 3（1594）年天ノ川の河口に山神社が祀られた。豊臣秀吉が京や大坂で普請を盛んに行い、軍船建造のため全国に木材の供給を命じていた頃である。慶長元（1596）年には檜山番所が上ノ国に置かれたという言い伝えもある。寛永 16（1639）年、焼失した福山城の修築材は上ノ国（目名）山のヒノキで賄われ、寛文 10 年頃には目名川、椴川へと檜木山事業が進んでいった。延宝 6（1678）年、厚沢部川の南部に檜木山開発が及ぶと、檜山奉行所は上ノ国から江差へ移ったが、天ノ川流域の檜木山開発は並行して進められた。

元禄 13（1700）年とされる絵図の天ノ川河口付近に大富と書き込みがあり、椴川や厚沢部川の奥には堤沢の書き入れもあって、早くから流送材を集積する留場・土場や堤のあったことが知られる。

明治時代には檜木の保護が以前に増して強化されトドやブナなどの広葉樹へと伐採の対象が広がった。雪中に伐り倒し、5 月頃までに流送する春出しや、9 月から 11 月頃まで流送する夏伐りで生産された。流れをせき止め、十分な水量に達した堤を一気に切って流送し、河口に堆積する。晩秋の流送にかかるそま夫は水から上がらない。すぐに凍りついた氷の粒がぶつかり合い、からからと音を立てたという。そま夫たちの勇壮な仕事ぶりが想像される。

鉄道が開通すると木材は最寄りの駅から貨車積みにされ、あるいはトラックで江差港に搬送され船積みされた。天ノ川の流送は鉄橋の保護も必要となり下火になった。

明治 43（1910）年に帝国議会で採択された上磯から木古内、上ノ国、江差にいたる鉄道開設の請願は、昭和 3（1928）年頃からの陳情の功もあってか、ようやく実現した。新たな時代の到来が託した鉄道の開通ではあったが、今それが失われた。鉄道開設で後れをとった厚沢部町は江差・松前線の赤字化や松前線の廃止を目の当たりにし、道路網整備の急務を確信していた。

バス路線に転換した江差線沿線は、50 年余以前に開通した稲穂峠吉堀トンネルの新開鑿を間に合わせることは叶わず、高規格自動車専用道路函館・江差道の木古内江差間着手・開業の目処も定まらない。日本一の不採算評価や人口減などの将来像を見通した結果なのではあろうが。

コロポックルは何処へ

上ノ国町の南端、松前町との境に小砂子の集落がある。地名の由来はアイヌ語“チシエムコ―高岩の水上ミ”とされるが、小人島のものがやってきて土や葦を取っていったという言い伝えから「小サ子か嶋」というともある。道南から樺太・千島まで「コロポックル（蕗の下の人）」という小人にまつわるアイヌの伝説が知られている。小砂子の小人島伝説が記録されたのは宝永7（1710）年と道内でも古いものであり、寛政元（1789）年菅江真澄も宿の老婆からの話を書き留めている。

「古い昔話しに、ここの磯山の土を採ろうと三尺くらいの男がたくさん乗った小さい舟が寄って来たことがありました。村の人たちはこれを見て驚き何者だろうと騒ぎ立ち、舟の行く先は何処だろうと水跡をたよりにたくさんの舟でこぎ出たのですが、沖の荒潮にさえぎられてその小人の舟の行く先は何処とも知られずかき消すように波と潮に紛れ消えてしまいました。（略）時々、小人島から流れてきたというその国のあばという網の道具が打ち寄せられますが、本当に小人の国はあるのでしょうか。（上ノ国村史）」

比石や天ノ川など、上ノ国町内には多くのアイヌ語起源が想定される地名があり、江差や松前など道南各地にも残っている。また、それらはいうまでもなく武田・蠣崎氏が勝山館を拠点にこの地を掌握する以前からの地名でもある。鎌倉時代の終わり頃、今の道南地方にいた渡党が毒矢をもって戦い、イナウ（幣）を天にかざして祈る様子などは江戸時代の記録にあるアイヌを髣髴とさせる。

このアイヌと戦う蠣崎氏の拠点・勝山館跡から弓矢の道具である骨角器類が600点余りを出土した。鹿角製のマキリ（小刀）柄、シロシ（アイヌの所有印）付きの木製マキリ鞘や白磁皿などもある。勝山館の人たちの墓地である夷王山墳墓群の一角からアイヌ墓も発見された。

アイヌ墓があると言うことは、被葬者がアイヌであること、周辺にいるアイヌの葬送儀礼を知る人達によってその野辺送りが行われたことを示している。しかも、和人墓と隣り合って同じ墓地の中に互いに忌み嫌うこともなく作られている。彼らは自分達の風俗習慣を日常的に体現し、そこに居住し黄泉路をたどったと考えられるのだ。

勝山館跡直下の市街地からも、骨角器やアイヌ墓、アイヌの祭祀具などが発掘され、寛文9（1669）年のシャクシャイン蜂起に関連する津軽藩の記録には、「（上ノ国）家数百四・五〇、エゾもあり」と記されてもいた。

布教のため松前に入った宣教師アンジェリスに対し、松前藩主は「松前は日本ではないのでパードレが松前に来ることは大事もない」と語ったが、ほどなく禁教令が行き渡り、寛永16（1639）年、石崎で6人など計106人の信徒が処刑されるなど、松前地は次第に本州人・和人の居住地へと変貌していった。

北海道の歴史は近くは明治期の開拓以来、古くみても武田・蠣崎氏などの「和人」が登場してからのこととされがちである。蠣崎氏が松前氏に成長する過程では幾度となくアイヌと戦いを交えているが、蠣崎氏はその都度謀略によりアイヌの攻撃を退け地位を確立したとされる。が、「指嗾されるばかりのアイヌとの見方はアイヌ側の立場を無視したもの」という網野善彦の指摘には留意しなければならない。少なくとも武田・蠣崎氏や勝山館築城前の上ノ国には、前代から続く地域社会が存在していたのであり、それに連なる人たちが勝山館時代の一翼を担い、地域形成に関わったと思われる。

しかも、上ノ国市街地近傍や天ノ川流域では、旧石器が採集され、上ノ国市街地をはじめ町内の各所に縄文時代以来の遺跡が点在している。そして続縄文文化（ほぼ本州の弥生時代から古墳・飛鳥時代）、アイヌ文化の直前とされる擦紋文化の時代（同奈良・平安時代）が続いている。他方、松前氏の記録には12館などの館主は渡党の末裔とも書かれる。

勝山館時代以来、表舞台に登場した人々にのみ焦点が当てられがちなこの地域の歩みなのだが、そこには長い間のさまざまな人たちの営みが刻まれてもいる。

小砂子夕景―小人島は宵闇の彼方に（昭和50年代上ノ国町パンフレットより）―

江差町

松村　隆（文芸誌江さし草発行人）

いにしえ街道

江戸時代の面影を伝える景観

中歌町から姥神町にいたる1.1kmは「いにしえ街道」と呼ばれ、江差港の繁栄期を今に伝える。昭和40年代まで、海沿いには回船問屋の遺構が並んでいた。

現在でも「いにしえ街道」を歩くと、回船問屋や町屋の暮らしに受け継がれた江戸文化に触れることができる。歴史が新しいと言われる北海道では、江戸時代の面影を伝える景観は貴重だろう。

平成元（1989）年に歴史を生かす街づくりのためのプロジェクトが発足して以来、「歴史を生かす街並み（以下歴まち）」の整備事業が進められてきた。平成16（2004）年には北前船の回船問屋が並んでいた当時の街道が再現された。

歴まち事業は、「江差歴まち商店街組合」が担ってきた。室谷元男理事長以下の仲間たちは、歴まちの街並み景観だけではなく、生活に根ざした風俗や習慣、暮らしの歴史を語り継ぐための取り組みを続けてきた。

古い建物は、旧中村家（国指定重要文化財）、横山家（北海道指定民俗文化財）、旧桧山爾志郡役所のほか神社、仏閣に限られているが、商家や町屋も旧街道のイメージに合うようにデザインされ、街並みは一新された。

商取引を背景にした独自文化

松前城下の江差では商港ならではの特異な商人文化が形成された。問屋株仲間の文書記録によれば、問屋株仲間は回船問屋取引から松前藩の運上金（藩年貢）を調達するだけではなく、庶民生活にかかわる市政の一端も担っていたことがうかがえる。江差では自治組織によって町衆支配が行われていたようだ。江差商人の問屋というのは現在の卸商取引だけではなく、問屋株仲間は14人とされ、その下に小宿株があって、藩政の一端を支配していたのである。したがって、問屋株は資本力と経営手腕だけでなく、人望も兼備したものでなければ取得できなかった。

北前船の取引に付随して、京大阪の文化も運ばれ、豪商から庶民にいたるまでそれぞれの階層で、生活に根ざした文化が受け継がれてきた。例えば、江差の商家では「おまはん」とか「おおきにとか、ようござんす」など京風の言葉が日常的に使われていた。祭りや江差追分、郷土芸能など、商取引を背景にした独自の生活文化を創りあげたのだろう。生活に根付いた習俗や暮らしの文化が、いまも江差人の支えになっている。

真夏のいにしえ街道を練り歩く姥神大神宮祭

花街残影

御用商人の進出

港町には花街が栄える。江戸時代松前城下の商港だった江差は、日本海航路の取引によって、大手商人、船乗り、雇い漁夫から庶民に至るまで、特有の花街文化が花開いた。

花街の繁栄を伝える街並みも建造物も形をとどめるものはないが、江差港の繁栄期を伝えるには、その舞台となった芸能文化を創りあげた花街をおいては語れない。

当時の見聞記には「享保3（1718）年、江差町内に飲食店開業、影の町繁栄す」とある。さらに「文化4（1807）年、浜小屋開業す」とある。飲食店、料理茶屋は、当初は港口から坂を上った切石坂界隈から佐平治町あたりで、裏通りの影の町までだったようだ。

その後、北前船の往来が増えるにつれ、ニシン漁も加わり、増える一方の客を捌ききれなくなってゆく。

港の景気を背景に、文政元（1818）年には栖原屋（栖原半助）、伊達屋（伊達林右衛門）が、江差商圏への進出をもくろんで、上町阿弥陀寺周辺の畑地を開き茶屋街を造成した。敷地5000坪、建屋150棟のうち二階造り15棟、劇場1棟、酒造場1棟を造成。津花町の質屋大阪屋源太夫に差配させ、源太夫町と呼んだ。松前藩と結びついた御用商人の進出であった。後に上野浦町に改められた。現在の上野町界隈である。

人々の暮らしに根付く芸文化

一方、春ニシン漁期に殺到する雇い漁夫のヤン衆や旅人庶民相手には、津花、姥神の前浜に仮小屋の出店茶屋が出店し、客を捌いた。莚張の仮小屋であったが、これが江差の浜小屋と呼ばれる花街である。この小屋は100軒あり、遊女が300人で、夜を徹して太鼓、三味線が鳴り響き、江戸両国の夜見世にも劣らぬ賑わいだったと記録されている。わずか二間四方四坪の小屋だったが客が殺到するために、三階建てや四階建てもあったと言う。大手商人、船頭衆贔屓の高級な料亭から庶民の浜小屋まで花街が沸き立った。

越後や南部地方から遊芸人、瞽女などの芸人もおおぜいやってきて、唄や踊りの芸文化が人々の暮らしに根付いてゆく。

源太夫町から切石町一帯は一大歓楽街に変貌してゆくが、やがて生活の秩序が乱れ、茶屋街造成から30年経過したころには歓楽街の移設が問われるようになった。

天保14（1843）年、松前藩のお墨付きで、茶屋頭取安宅猪兵衛、岡本与右衛門を世話人に法華寺町のはずれ、賢光山の裾野に造成し花街の移転を決めた。隔絶された草深い原野に新開地を開こうというのだから壮大な構想だったのだろう。

蓮場沼の入り口から東へ200m、幅13mの大通りを中心に、両側に32区画の屋敷を町割りした。入り口にはすだれ柳を植えて廓門に見立て、大通りの奥には芝居小屋を据えている。これが安宅座で、後に江差座にかわり芸能舞台の本拠となった。3年後には32軒の妓楼、料亭、茶屋が勢ぞろいし、新地花街と名付けられた見事な花街が実現した。

藩からの助成があったわけでもなく、商人資本の自力で街並みを実現できたのは、地場商人組織の経済力と経営手腕によるものであろう。

商取引の好調を背景に追分節や餅搗きばやしなど、ここから数多くの芸能文化が磨かれ受け継がれてゆく。これらの芸能は、料亭の座敷や浜小屋の芸者衆が受け継いできた。江差では良家の娘たちでも、唄や三味線踊りを仕込むという風習があって、江差芸者は後に小樽、札幌にも進出して芸風を高く評価された。

庶民生活に溶け込んだ芸能文化が、北海道で有数な伝統芸能を伝承している。

幕府最後の軍艦　開陽丸

幕末の戊辰戦争で榎本武揚が率いた幕府の旗艦開陽丸が明治元（1868）年11月15日、折からの暴風に遭遇し、江差沖で座礁沈没した。開陽丸は、榎本武揚以下15人の幕臣が留学し、造船から航海術など習得した留学生によって日本に回航され、わずか1年7カ月で命運尽きた。

開陽丸はオランダで建造され、当時最新鋭の大砲

明治40年代の新地花街

復元された開陽丸の外観

旧桧山爾志郡役所

を備えた最強の軍艦であった。船型はシップ型3本マスト、帆走式補助エンジン付きの鉄鋼船最長72.80m、最大幅13.04m、帆の面積2097.8㎡、最新式の大砲ドイツ製クルップ砲カノン砲26門のほか9門を装備した最強の軍艦であった。

榎本武揚はオランダに留学、欧州の近代的な海軍航海知識を体得し、蝦夷共和国に新天地を求めての脱走であったが、主力の旗艦開陽丸を失ったこともあって、明治2（1969）年函館での必死の抵抗もむなしく新政府軍に降伏した。

開陽丸の沈没から一世紀あまり経った昭和50（1975）年、船体や遺物の発掘調査がはじまった。日本初の海底遺跡に登録され、世界でも例が少ない海中考古学分野で学術的な注目を浴びた。発掘された遺物は大砲、砲弾から兵器船体船具の数々は3万2905点にも及んだ。保存には地元高校生の手も借りながらの、懸命の化学処理が行われた。

平成2（1990）年、オランダ造船所の建造設計をもとに、実物大の開陽丸の固定記念館が江差港の一画に復元された。艦内甲板や船室には発掘した遺物の主要な兵器類から航海用具などが展示公開されていて、来館者の関心をよんでいる。

オランダ留学で欧州の近代知識を習得した榎本武揚が、蝦夷共和国に再生の夢をかけた軍艦開陽丸。悲運の軍艦は、夢破れた榎本や土方歳三の悲憤をいまに語り継ぐ。

旧桧山爾志郡役所

旧桧山爾志郡役所は、明治新政府になって、北海道開拓使が設置した郡役所で、北海道にただ一つ現存する開拓使時代の貴重な建造物である。

当時としては先駆的な洋風建築はロシア人の設計で、明治20（1887）年に建造された。白とグリーンの明るいデザインは当時の外観そのままに復元された。海岸沿いの下町から登った斜面中腹台地のこの場所は、藩政期には奉行所で、郡役所になってからも桧山支庁、警察署、役場分庁舎など様々な経緯をたどっている。

開拓使の郡区制により明治13（1880）年1月、桧山47町村爾志8村の戸長役場から桧山爾志郡役所に改められ、郡長が警察業務も兼務した。明治20年に郡役所が新築され、2階に警察署が置かれ、明治24（1891）年には桧山のほかに5郡（現桧山支庁管内）を所管、明治30（1897）年に桧山支庁となった。昭和3（1928）年に桧山支庁が移転してからは江差警察署となり、警察署が移転して昭和44（1969）年に江差町に移管された。

北海道大学工学部越野武助教授（当時）の古建築調査などにより、平成4（1992）年に北海道文化財に指定され、平成10（1998）年に復元整備された。

建物構造は主屋、付属屋、留置場の三棟からなり、玄関2階はバルコニーで、外壁は白にグリーンの窓枠が鮮やかな格調の洋館を意匠している。室内は花柄とペイズリーなど各室ごとに13種類の布クロースで当時の珍しい内装をうかがうことができる。復元された留置場は当時の犯罪処置など彷彿させる。

現在1階は郡役所の資料展示、2階は郷土資料館として縄文期の発掘土器から江戸時代にいたる生活民俗資料が展示公開されている。

江差追分

江差の生活文化を代表するのは「江差追分節」で

ある。北辺の風土と暮らしをうたい込んだこの唄は、計り知れないものを秘めている。初めてこの唄を聞いて涙する人が多い。唄のメロディーに知らず知らずに心が揺さぶられるのだという。本場の唄に心惹かれた人々が、全国各地から集まって、名人の唄に聞き惚れ酔いしれ取りつかれてゆく。

「追分節には昔、蝦夷地に渡ってきた人々が、厳しい自然と闘い暮らしてきた苦しみ、喜びの生き様がうたい込まれてきたんだな。日本人なら誰でもそれが心に響くのだと思う」

かもめ島に住み、漁師暮らしの中で追分節の境地を体得し「潮の匂う青坂節」といわれた第一人者青坂満師は語る。

追分節の源流は信州小諸の馬子唄だという。北国街道の馬子唄が越後に伝えられ船唄、荷方唄に変わり、北前船の船乗りたちによって蝦夷地の江差港に運ばれたといわれる。

18世紀ころから江差港の盛り場が繁栄し、商家の旦那衆たちの料理茶屋からニシン漁雇いのヤン衆の浜小屋と、貧富の別なく賑わった。大勢の旅芸人もやってきてニシン漁と北前船の取引を背景に、唄や芸文化が庶民生活に根付いた。

今の追分節を唄いはじめたのは、寛政年代に南部から来た琵琶師の座頭佐之市だという。港で稼ぐ沖仲仕の天保荷上唄にその名がうたわれている。

追分はじめは佐之市坊主
　芸者のはじめは蔦屋のかめ子

以来追分節が盛り場でうたわれ、江差の風土を織り込んでうたい継がれてゆく。

明治の末になると日本海航路とニシン漁の失墜で江差は不振のどん底に落ち込んでゆく。それを江差追分で挽回しようと町の有志と追分師匠たちが、本場の「正調江差追分節」を掲げる。東京、大阪から札幌と中央に進出、遠征公演して反響を呼び起こしていった。

この時期、歌い手の師匠たちは町民の期待を担って、追分の真髄を極め、正調追分を磨き上げたに違いない。明治から大正年代活躍した名手に、平野源三郎、村田弥六、高野小次郎、越中谷四三郎といった人物が伝えられている。

戦後は敗戦の荒廃から復活、我が国民謡界に先駆けて昭和38（1963）年から「江差追分全国大会」がはじまり、町をあげた取り組みが参加者の感動を呼び、出場者の殺到で民謡界に追分ブームを巻き起こしていった。本場の大会が二日間から三日間におよびさらに熟年大会、少年大会が開催されるなど、半世紀におよび飛躍的な発展を刻んだ。

現在は全国に150支部、会員3600人を擁する大組織となった。会員の高齢化など課題を抱えているが、半世紀に学び、追分節の真髄を次世代に継ぐ活動に取り組んでいる。

江差追分会館

追分節の本場、江差町伝統文化の象徴として昭和57（1982）年に江差追分会館がオープンした。一つの民謡だけの記念館など、全国的にも例がなかった。江差追分の全国大会開催を契機に、地域文化普及伝承の役割を担うことを目的として実現した。

江差の歴史風土をデザインにとりいれたこの建物は、平成10（1998）年には建設省の「公共施設百選」に選ばれ、注目を浴びた。江差追分に特に熱意をもっ

江差追分の青坂満師匠

江差追分全国大会の様子

ていた本田義一町長が、北海道大学工学部都市景観の権威足達富士夫（故人）越野武教授陣に委託し、力をいれて建設した。

屋根は瓦葺、回廊をめぐらした外観はコンクリート壁で、回船問屋の土蔵風に仕上げ、内部は唄や郷土芸能を上演する百畳敷きのホール、追分節のルーツをたどる録音から名人の音源を自由に試聴できる資料展示、実技指導室などが完備されている。

実演ホールでは若手からベテランの歌い手が出演披露して人気を呼んでいる。2月と11月には、毎週三日間にわたって本場追分の唄い方を特別伝授する「追分セミナー」が開講され、全国から150人あまりが受講している。

また、会館に付属するレストラン「江差家」では、地元の海産物をはじめ多彩なメニューを提供している。

平成22（2010）年には300年あまりの伝統を誇る姥神神宮渡御祭の山車会館も併設された。

豪商の回船問屋と別荘

江差港には、江戸時代から回船問屋の建物が浜一帯に並び、それが明治年代まで続いていた。戦後の列島改造で姿を消したが、旧中村家、横山家のほか関川家別荘が、文化財として保存されている。

旧中村家

回船問屋構造で代表的なのは旧中村家で、昭和46（1971）年、国の重要文化財に指定された。

回船問屋の建物は街道筋に店舗が面して、主屋、文庫蔵が続き下の蔵から「ハネダシ」が海に突き出て渚まで連なっている。店先主屋の土間が、下の蔵からハネダシの渚まで「ノザヤ」という通し土間でつなぎ、船荷の出し入れに利用される。この構造は江差特有の「ハネダシ」とよばれ、回船問屋に共通している。

回船問屋は北前船の日本海航路が活躍するようになった18世紀ころから創業された。旧中村家の創業は天明14（1883）年で、近江（滋賀県）出身の大橋宇左衛門が酒造、海産商を始めて、以来呉服、食料、酒、薬品雑貨と商いを拡げ、有数の回船問屋として財をなした。

建物は主屋、倉ともヒノキ（ヒバ）を主材料に、土台は越前の笏谷石、屋根瓦は若狭産の焼き瓦を使っている。店先が帳場で街道に面し、表座敷は八畳二間、台所七畳に納戸四畳半から文庫蔵に続いている。帳場の押入れには隠し階段が取りつき、二階座敷は密室風の造りだ。通路土間には井戸、台所流し、かまどが据えられている。

海に面したハネダシの軒先に三角の大きな屋印が貼り付けられ、沖合からも確かめられる。

現在の主屋、文庫蔵は明治22（1889）年の建築といわれ、下の蔵はそれよりも古い。大正4（1915）年に大橋家が郷里に引き上げる際、同郷出身の支配人中村米吉に譲渡、昭和46（1971）年に国の重要文化財に指定され、昭和49（1974）年に江差町に寄付され、昭和57（1982）年に全面修復され、公開されている。

横山家

初代横山宗右衛門は天明6（1786）年、いにしえ街道沿いにある現在地で海産商、日用雑貨、漁業資材など創業、代々回船問屋として家産をなした。現在八代目敬三氏が横山家を継いでいる。横山家の建物は、昭和38（1963）年に北海道民俗文化財に指定されるなど、回船問屋の建造物をいまに伝える貴重な遺産である。

旧中村家住宅

横山家

主屋は約150年前の建造といわれ、明治25（1892）年の大火で類焼した際の再建といわれる。当時人家から離れた山倉に主屋と同一の屋材を保管し、直ちに再建したようだ。火災への備えとして、二組の屋材を切り込み保存していたようで、この当時の商家の資本力がうかがえる。

建物は回船問屋構造で、主屋店舗、表座敷に五棟の土蔵倉と離れ座敷が一帯になっている。主屋の土間と文庫蔵から四棟の蔵、ハネダシまで、「ノザヤ」という通し土間で連なっている。最も古い蔵は三番蔵で、文政5（1822）年に建造されたという記録があり、ほかの蔵も主屋より古くに建造されたようだ。

火災の持ち出しに備え、珍しい桐の背負い金庫や古い回船問屋時代の遺品や生活用具が保存展示されている。また、横山家が提供する京都風のニシンそばも人気を呼んでいる。

関川家別荘

豊部内川の上流、蝦夷館公園の一画に現存する関川家別邸は、江差の豪商別邸として残る貴重な庭園である。江差には豪商たちの別邸庭園が数多く点在していたが、保存されているのは関川家別邸を残すのみになった。

関川家は松前藩を代表する豪商である。初代、関川与左衛門は17世紀に越後から江差に渡り、姥神町で回船業をはじめた。二代目からは港の取引沖の口業務を担い、松前藩御用商人として米、金融、醸造の多角経営で商権を伸ばし、繁栄を極めた。明治30年代に九代目が江差を離れるまでは、江差一の豪商ともいわれた。北前船三隻の持船と十隻の雇船で取引を拡げ在郷商人の第一人者といえる存在だった。

関川家は代々回船問屋の商売取引だけではなく、私財を拠出して公共施設や教育、病院から文化まで社会貢献に力を尽くした。保存される古文書も二十万点近くにおよび、別邸に付属する土蔵に展示されている生活用具も、茶器、伊万里焼、九谷焼、輪島塗の陶器、漆器はいずれも名人名工の手になる逸品ぞろいという。

一万㎡を超える広大な庭園には、樹齢200年あまりのクロマツとケヤキが空を覆い、正面には間口7間（13m）の武家屋敷風の門構えをなし豪商栄華の残影をとどめている。庭園内には別邸主屋が園池に面し、座敷は「寥窓庵」と名付ける茶室を備えている。関川家当主は代々豪商の商人手腕を駆使する一方、文人として風雅をたしなみ、6代平四郎は句作に長け、俳人一鼎の名を遺している。

生活に根付いた祭り文化
―姥神大神宮渡御祭―

江差の浜にニシン漁をもたらしたという伝説の折居姥を祀る姥神大神宮渡御祭は、江差人の暮らしに根付いた伝統ある祭典である。町内から供奉する13台の山車（ヤマ）に幼い子供からお年寄まで町を挙げて参加し、三日間町中を曳きまわす。

ヤマを供奉するこの祭礼がいつから行われたか定かではないが、その歴史は370年を超えるといわれる。ヤマはそれぞれの年代でつくられているが、古い時代のヤマや人形、付属装具は京都や大阪の名工によってつくられ、北前船で運ばれている。回船問屋の豪商たちが調達して町内に提供したもので、いずれも贅をつくした名工の手によるものが多い。史実の確かな神功山人形（愛宕町）、和船型御座船の

旧関川家別荘

姥神大神宮渡御祭

松寶丸（陣屋・海岸町）は、北海道有形民俗文化財に指定されている。

祭礼はニシンの豊漁を祝い神輿渡御に供奉して町内を巡行するが、昔は大手商人が経費を賄い、出入りの職人や町の人たちが参加して行われたという。その後商取引の不振によって紆余曲折があって、慶応年代（1865 年）あたりから町内に引き継がれるようになった。大手商人から伝承されたのも、町民の暮らしに溶け込んでいたからで、祭り習俗は町民の手によって受け継がれ生活文化として根付いている。

幼いころはヤマに乗り、祭りばやしを子守歌に、物心つけば太鼓を習い、年とともに笛を身に着け、やがて運行するヤマの舵取りを担い、若者頭からヤマを取り仕切る頭取に成長して一人前と言われる。

祭りの季節を迎えるころ、小学生の太鼓から、笛の祭りばやしが流れ、年代順に先輩から仕込まれて祭り意識を身に着けてゆく。町を離れた若者たちは「祭りに帰るど―」を合言葉にヤマを曳きに帰る。嫁いだ娘は家計をやりくりしてわが子を祭りに参加させようと実家に戻る。ヤマを曳く若者で江差の祭りは 2 倍 3 倍に膨れ上がる。

祭りは北前船が運んだ京都祇園祭りの習俗に習い、祭りばやしの流れに乗って豪華な絵巻を繰り広げる。祭りの夜はもろ肌を脱いで太鼓を叩き、ニシン漁に沸いた往時の賑わいを再現して最高潮に達する。

祭りは若者たちの血をわかせ、故郷意識をつのらせて受け継がれてゆく。

かもめ島

江差に富と文化を呼び寄せた島

かもめ島は町のシンボルであり、江差に富と文化を呼び寄せた島である。町の人々はこの島が辨天島と呼ばれていた昔から、ニシン漁や北前船交易の舞台として、想いを寄せ親しんできた。

かもめ島の前浜には、ニシン伝説の奇岩瓶子岩が立ち、人々の目を惹く。訪れる人々もかもめ島を見て江差を実感するらしい。

海抜 20m、周囲 2.6km の浮島には自然の恩恵と伝説が凝縮されている。何より坂道から眺める島が美しい。空と海を真っ赤に染めて日本海に落ちる夕日は絶景と言うほかない。作家司馬遼太郎は名著「街道を行く」の取材で江差を訪れ、夕日をレモン色の町と言った。

かもめ島は日本海から吹き付ける強烈な季節風をさえぎり、自然の良港として江差に繁栄をもたらした。島には蝦夷地に和人が渡来した昔から伝わる伝説も多い。特に有名なのは、ニシンを浜に呼び寄せたという老爺と折居姥の化身とつたえられる奇岩瓶子岩である。

富と文化を運んだ北前船にまつわる史実も多く、義経伝説の馬岩、弁慶の足跡まで岩場に刻まれて人気を呼ぶ。

かもめ島には神社があり、元和元（1615）年に回船問屋仲間が航海の安全祈願をこめて、辨天社を建立、明治元（1868）年に現在の厳島神社に改称された。

江差かもめ島祭り

7 月の「江差かもめ島祭り」、8 月の「江差姥神大神宮渡御祭」、9 月の「江差追分全国大会」は江差三大祭りと呼ばれ、期間中は多くの観光客で賑わう。いちばん最初に行われる「江差かもめ島祭り」は瓶子岩に全長 30m の大しめ縄をかける祈願祭で、漁師たちによって執り行われる。

境内には北前船の船頭衆が寄進した御影石の大鳥

瓶子岩に新しいしめ縄をかけ替える若手漁師たち

居や日和見の方位を刻んだ手洗い鉢が置かれ、航海の日和見遺構が保存されている。岩場には繋船柱が面影をとどめ、日本海の荒波を命がけで往来した船頭や船子たちが、この島で心を癒し、船出に賭けた想いを、追分節にうたい込んでいる。

松前江差のかもめの島は
地から生えたか浮島か

島の上には追分節の記念碑や名人像が建立されて昔日をしのばせる。

文学碑の道

江差の街は古くから文学の舞台となり、数多くの文学碑がある。街道を上がった台地にあった奉行所や旅籠料亭跡などをつなぐ江差の文化を代表する文学碑の道がある。

百印百詩

江差文学で特筆されるのは幕末の思想家・頼三樹三郎と探検家･松浦武四郎の雅会による「百印百詩」であろう。この雅会は、弘化 3（1846）年 11 月 14 日にたまたま江差に来遊していた三樹三郎と武四郎が江差の豪商齊藤鴎洲、西川春庵、菊地謹斎など文人の呼びかけに応じて行われた。

雅会は料亭雲石楼で開催され、鴎洲の出題に武四郎が篆刻を彫り、三樹三郎が詩を詠み一日に百印を彫り込み、百詩を詠みあげる快挙を成し遂げた。早朝から始めて夜まで百詩を詠むこと約 14 時間。一詩あたり 8 分 24 秒という早業の才覚は、まさに奇才というほかない。

三樹三郎は国学者頼山陽の第三子、後に安政の大獄で、悲運の最期を遂げた。武四郎は言わずと知れた北海道という地名を名付けた探検家で、幕末の風雲に憂国の志を抱いた二人が江差の町で出会うというのは、今にして思えば大変な快挙である。

百印百詩の碑

百印百詩文学碑は、平成 12（2000）年に料亭雲石楼跡地に、町年寄齊藤左司馬（鴎洲）の後裔齊藤裕志題字揮毫により江差町の歴史を紀行し友好を進める会が建立した。場所はいにしえ街道中歌町から馬坂をのぼった姥神神宮後背の台地にある。

江差八勝

江差八勝の碑

頼三樹三郎は、町年寄齊藤左司馬の知遇により、弘化 3（1846）年江差に逗留し、文人たちと交遊を深めた。弘化 4（1847）年 5 月には齊藤鴎洲の発議で文人仲間七人と江差の景勝を選び、「江差八勝」を七言絶句で詩作し、豊漁を祈願して奉納することになった。三樹三郎が京都に帰着後、八勝詩を短冊に揮毫、さっそく鴎洲に送り姥神大神宮に奉納された。

現在、社務所には掲額が保存されている。詩作は頼醇、釋日袋、西川擁、本田覃《ほんだたん》、簗瀬存愛、原元圭、高野慊、斎藤観の八人で平成 15（2003）年、三樹三郎直筆の短冊を碑石に刻んで建立した。場所は奉行坂の旧郡役所前庭。

菅江真澄の歌碑

旅行家で民俗学者の菅江真澄は、天明（1788）年に蝦夷地に渡海し、四年間の滞在中江差地方を踏破し、庶民の生活を克明に記録した。真澄の紀行文「蝦夷喧辞辦」に漁師が珍しい道具を肩に担いで高らかな声を張り上げ坂道でうたっていた唄が記されている。

まちは西町盛りのつばな
沖をながむる山のうへ

この唄は、江差の町をうたっている歌詞で追分節ではないかといわれている。

菅江真澄の歌碑

文芸誌「江さし草」創刊 100 号記念に、唄をうたったという馬坂に文芸誌同人が真澄の絵を添えて歌碑を建立した。

馬坂の登り口には追分会館レストラン「江差家」が建立した真澄の歌碑がある。

すくも焚く煙りの末も治まれる
風にしたがう浦の夕なぎ

江差浜の夕景を詠んでいる。

霰庵句碑

霰庵は、松尾芭蕉の高弟で奥州白石の俳人松窓乙二とその高弟太呂が来遊し、文化 11（1814）年、江差の俳人が俳句結社を創設、句碑を建立した。

俳句結社霰庵は、姥神神宮に隣接する本田快庵の素心屋敷におかれ、芭蕉の句碑も屋敷内にあった。「いかめしき音や霰の檜笠」の句が自然石に彫り込まれている。文化 13（1816）年、六代目平井三右衛門が素心屋敷に移って回船宿「能登屋」を開業した。当時は俳句ブームということもあり、能登屋は回船大手商人や江差の文人、俳人たちの寄所となった。

明治 5（1872）年に素心屋敷が火災で焼失したため、句碑は昭和 6（1931）年にかもめ島の弁天社境内に移された。平成 24（2012）年には平井家 15 代目の良治氏が句碑の建立された素心屋敷跡に移設し、除幕式が行われた。

姥神神宮の脇より能登屋の坂を上がった台地が素心屋敷跡。坂の上が「百印百詩」の雲石楼後で、能登屋には、頼三樹三郎や榎本武揚、土方歳三なども逗留したと伝えられる。

北前船の終着港

江差は日本海に拓けた港町である。日本海が経済の動脈だった江戸時代、江差港には回船問屋が軒を連ねていた。町を抱くように沖合にかもめ島が浮かび、北西から吹き付ける強烈な季節風を阻み、自然の港が繁栄を引き寄せた。

江差港の繁栄は、日本海を一枚帆の北前船が往来した 18 世紀からはじまる。終着の港に蝦夷地の海産物が集積され、さらにニシン漁からアイヌの狩猟まで、松前藩の政策を背景に、やがて日本海有数の港町に繁栄してゆく。

復元された北前船

松前藩は、米の獲れない蝦夷地で、石高のない異質の大名であった。そこで松前藩は江差地方に密生している豊富なヒバ材に目を付け、北前船で運んで藩の草創期を築いた。松前藩は、石高の年貢に代わる蝦夷地の海産物からアイヌの狩猟、沿海州まで手を伸ばし、その取引から運上金（年貢）をとりたて藩財政を賄った。この取引を一手に引き受け、運上金の調達まで担ったのが江差商人の問屋仲間だった。

松前藩は、江差、福山（松前）、箱館の三港に沖の口奉行を設け、取り締まりとしたが、江差港の取引高は群を抜いていた。松前藩の絵師小玉貞良が宝暦 3（1753）年に描いた「江差屏風」からは、江差港の全盛期を見ることができる。

鴎島を前景に対岸の津花岬から沿岸の前浜一帯に、回船問屋の土蔵がびっしり渚に建ち並ぶ。三棟四棟の土蔵が街道の主屋まで連なっている。前浜ではニシン漁、港には白帆の北前船が停泊する。背後の斜面を切り開いて寺院や奉行所が建ち、崖地を登る参詣道からさらに上町へと歓楽街が克明に描かれている。

ここに描かれている街並みを現在の地形と対比しても、当時の模様が手に取るように分かる。江戸時代すでに都市集積の街並み形成を見ることができる。この北前船交易は幕末から明治期まで続いた。

明治期の写真まで回船問屋群が町はずれまで、瓦葺きや石屋根の土蔵を連ねて、その面影を伝えている。

円空仏　木喰仏の群像

近世においてもっともすぐれた仏像彫刻の仏師と

して著名な円空、木喰。江差地方には彼らの作品が数多く保存されている。しかし、近世を代表する遊行仏師が、この地方から造像をはじめ、いずれも初期の作品群を遺した経緯は現在も謎に包まれたままである。

稀有の文化遺産である円空仏の存在を知って、カメラ仲間と集録を始めたのは昭和48（1973）年であった。「北海道の円空仏展」がテレビや新聞報道で思わぬ反響を呼び、写真集の出版では申し込みが殺到した。

昭和10年代に始まった円空ブームが、北海道で再燃を巻き起こしたような出来事であった。地域で誇れるものを発掘したいと取り組んだテーマであったが、円空仏がいかに多くの人々に愛され、関心を呼んでいたか思い知らされた。

円空仏は庶民信仰によって、西海岸集落の寺や神社、あるいは野中の祠などに祀られ、300年の信仰で保存されていたのだった。

円空の渡来は、寛文5（1665）年、津軽三厩から海峡を経て蝦夷地に渡り、松前、江差を経て虻田有珠山まで踏破したという。はたして本当に和人地の松前藩領を越え、奥蝦夷地を踏破したのかどうかも謎である。それは円空遊行聖の修行であったのか、それとも布教だったのか…。円空はこれはという霊場にこもり仏像を刻んでいる。その足跡は庶民信仰に残る仏像だけが語り継いでいる。

蝦夷地における仏像は円空初期の作品で、以後生涯を通じて二万体造像祈願した円空仏を語るうえで稀有の作品群だといわれている。

円空仏

切れ長い慈眼の表情、鉈彫のシンプルな衣紋表現したフォルムを彫り上げ、一木丸太を二つ割りして半円面に立体感の彫刻を造形している。北海道に現存する円空仏は、観音坐像が多く、首が肩にめり込んでいる「猪首型」というタイプで円空彫刻を決定づけている。ほかに等身大の見事な十一面観音像もある。後年における円空彫刻の驚異的な原型を位置付けるものだと言う。

北海道に現存する円空仏34体を集録し写真集に収めた。江差町には泊観音寺の如来像、柏森神社の薬師像、岩城神社の座像の3体。上ノ国町は観音像3体、十一面観音像1体、如来像1体、座像（頭部欠損）1体の全6体。乙部町は観音像5体。熊石町は観音像3体（うち立像1体）。ほか函館、松前地方から洞爺湖、帯広、釧路まで分布している。

座像は蓮華か岩座に座し50cm前後の高さで、十一面観音像は1.45m等身大の見事な立像である。北海道以降後年の作品は、鉈彫り円空と言われるように、仏像の形にとらわれず、木の生命を大胆に造形した芸術作品が多い。

木喰は安永7（1778）年に円空より113年後に渡来した。まるで円空仏に影響されたように造像活動をはじめたと伝えられる。56歳から遊行廻国に入りこの時、木喰61歳。木喰仏は、寺だけでなく在家宅にも数多く見ることができる。

最初はこけしのような小さなものから造り始めたようで、素朴な表情が口辺に小じわを刻み、後年の微笑み仏との違いが窺われる。円空集録より3年後「木喰仏写真展」にとりくみ代表的な約20体を収録したが、どれほどあるのか把握さえできなかった。

江差町には泊観音寺、中歌金剛寺、熊石町法蔵寺に2m前後の地蔵菩薩立像が祀られ初期の代表作として関心を呼んでいる。

円空仏も木喰仏も北辺の風土で生き抜いた、心の支えを刻んだ文化遺産として今に受け継がれているのである。

庶民のヒーロー　江差の繁次郎

江差の繁次郎は、悪徳権力で庶民を酷使する親方や役人を、ユーモアたっぷりの頓智でやりこめて世渡りした、庶民のヒーローとして語り継がれている。

繁次郎は、江戸時代に実在した人物をモデルにしていると伝えられている。姓は福田。文化7（1810）年ころ近隣の目名村（現厚沢部町美和）で生まれた

熱演する「繁次郎劇団」の団員たち

能登衆の孫だったらしい。泊城の口（現江差町）で飲み屋をした父の後を継いだが、そこは元来のホラ吹き者。商売にはまったく向かず、口先だけでニシン場の下船頭をしていたそうだ。60歳前後で世を去り、泊観音寺に葬られたようだが、定かでない。

昭和62（1987）年には「笑え笑え、へばええごとある」をキャッチフレーズに、「笑いの里づくりグループ」によって、田沢町国道227号脇に繁次郎像が建立された。繁次郎像を建てたのは、江差町内で理髪店を営む岩亀屋亀之助氏（本名工藤正道氏）。理容師のかたわら民芸品を制作し、自費で繁次郎像を建立した。さらに、繁次郎像が立つ泊川河口を繁次郎浜と命名した。

亀之助氏は平成8（1996）年には、仲間を募って「繁次郎劇団」を編成。団員は三十数名。「繁次郎いたんだと…」ではじまる繁次郎話は、瞬く間に観衆を笑いの渦に巻き込んだ。平成20（2008）年まで上演が続けられたが、残念ながら現在は団員の減少で休演している。

五勝手屋本舗

江戸文化の残影は、風土でつちかわれた芸能や祭りなど、現在の江差の人々の暮らしの中にも数多く残されている。その一つに、ヒノキ山（ヒバ）の切り出しから始まる食文化を受け継ぐ老舗五勝手屋本舗がある。

老舗五勝手屋本舗の店構えは上町法華寺通り商店街でもひと際目を惹く。江戸時代から繁栄を極めた江差港の地場商店としてただ一店生き残り、「五勝手羊羹」は江差を代表する銘菓として全国に知られている。

「五勝手羊羹」は甘味をおさえたさっぱりした風味が特色である。現在の原料は金時豆。地元の生産だけでは間に合わず、十勝産を仕入れている。五勝手羊羹の種類は棹型と丸缶型の2種類。レトロなデザインの筒の形も、ユニークである。丸缶の先のプラスチックのふたを取り、底を指で押し上げると、琥珀色の羊羹が顔を出す。一口分を糸でちぎるアイデアも独自のものだ。

五勝手屋本舗では羊羹のほかにも、鮭をかたどった「あきあじ最中」、江差線廃止記念デザインの丸缶型セットなども販売されている。老舗の銘柄やレトロデザインから新商品の開発まで、伝統を生かしつつも、積極的に新しい和菓子づくりに取り組んでいる。

五勝手屋本舗の創業は、明治3（1870）年とされているが、江戸時代の慶長年代にはすでに菓子屋を始めていたようだ。五勝手屋の名は、地元でヒノキを切り出していた職能集団五花手組に由来する。

「アイヌ語で波の寄せる浜という意味のホカイテの地名があったといいます。そこに南部からヒノキを伐りだしにきた杣夫が住みついて五花手（のちに五勝手）という集落ができました」と話すのは五代目当主の小笠原隆さん。

「五勝手村は、蝦夷地ではじめて小豆を栽培した場所だそうです。私の先祖は五勝手村の小豆で菓子をつくり、松前の殿様に献上してお褒めの言葉を貰いました。以来、五花手屋（のち五勝手屋）と名乗ることにしたそうです」。

北前航路の地場商人として生き抜いて食文化を守り続け、全国展開している「五勝手屋本舗」の経営意欲は江差商人の誇りであろう。

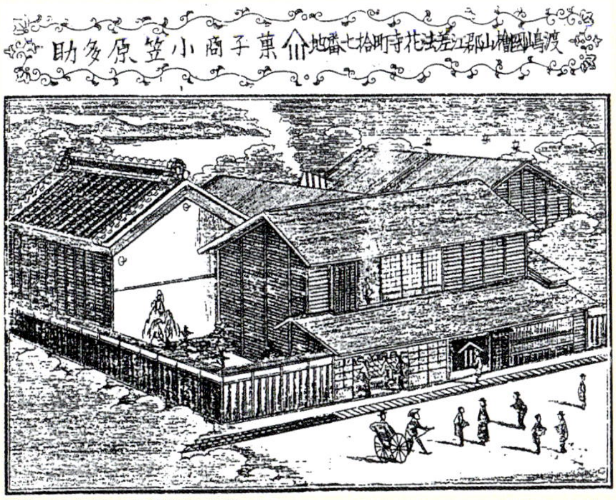

明治20年代の五勝手屋本舗

第5章　江差線の思い出

江差線の思い出 I

**78年の歴史に幕を閉じた江差線は
沿線の人々の日常風景の中心にあった。
地域とともに歩んだ江差線の記憶を、通学・通勤、帰省など
乗客として利用した人たちに書き記してもらった。**

青春の日々を運んでくれた江差線

豊岡紘子さん

高校時代、通学の際に利用した江差線は、私の青春の日々を運んでくれた鉄道です。朝6時半ころに家を出て、最寄りの中須田駅から江差駅までは、確か13分くらいだったと思います。

江差駅に着いても、江差高校までは歩いて1時間もかかります。雨の日も風の日も、冬の吹雪の日も、よくぞこの道を通えたものです。寒くて辛かったという記憶がないのは、それが当たり前のことだったからなのでしょう。3年間一日も欠かさずに学校に通い、「3か年皆勤賞」を受けたことは、我が人生のささやかな勲章の一つです。

3年間の汽車通学の体験は、心身の鍛練に大いに役立ったはずです。部活（体操部）のある日は、帰るのは最終の夜8時過ぎの汽車でした。部活のない日は午後4時頃の汽車に間に合わせるために、駅まで必死に走り、発車間際にぎりぎりセーフというのが何度もありました。ベルが鳴っているなか、飛び乗ることも何度かありました。帰りの汽車が運休のときは江差にある親戚の田畑栄市さんの家に泊まっての通学でした。

制服姿といっても私は年中スラックス着用で、スカートを穿く場面は、体育祭でのダンス演技の時と、卒業式くらいのものでした。スラックスなので、窓から飛び乗るのにも好都合でした。おおらかな時代だったと思います。

私のほか四人の弟妹も全員、汽車で江差高校に通いました。乗客は高校生が大半でしたが、洋裁学校、編物教室に通う女性、農作業、行商の女性も多かったと思います。待合室では汽車を待っている人たちと毎日のように話しました。駅は社交場でもありました。

ほかにも江差線にはいろいろと縁があります。中須田駅新設に向けて上ノ国村（当時）や国鉄に働きかけたのは私の父、若狭龍太郎です。父は中学校の校長をしていましたから、地域の人とさまざまな人脈があったようです。その功績をたたえて、駅の近くに父の胸像を建てる話が持ち上がりましたが、父は「銅像ができても、どうせ鳥に糞をかけられるだけ」と言って断ったそうです。

余談ですが、父は熱心な相撲ファンでした。江差線沿線周辺に「関取向きの人材有り」との情報を得ると、ただちに列車に飛び乗ってスカウトに出向くといった具合です。横綱千代の山もその一人でした。私もその影響を受け、大の相撲ファンになりました。吹雪で江差線が運休している日に、江差で上映されている若乃花主演の「土俵の鬼」という映画を観にいくために、従姉妹と二人で、江差線の線路に沿って約12kmを歩いて往復したことも、今となってはいい思い出です。

最後に、現在私が住んでいる山形県酒田市の隣は鶴岡市です。木古内町の渡島鶴岡地区はもともと山形の鶴岡から移住者が開拓した土地です。この庄内人の血が少なからずそちらの鶴岡の地に流れついていることに、奇しき縁を感じずにはいられません。

豊岡紘子（山形県在住）

車窓から見えたかもめ島

大沼浩さん

平成25（2013）年5月に墓参のために江差に帰った際、江差線が廃止されることを知りました。墓参りや同期会以外で江差に帰る機会は少なくなってしまいましたが、帰江の足となってくれていた

江差高校まで汽車通学した同期生と江差高校の校歌を歌う

路線の廃止に寂しさを覚えます。

さまざまな出来事が走馬灯のように思い出されます。子供のころ操車場で遊んでいたところ、駅員に危ないからと注意されたこと。駅舎内で石炭ストーブを囲みながら次の汽車を待っていたこと。汽車がトンネルを過ぎると、石炭の燃える煙と煤が窓の隙間から入ってきたこと。父が函館病院に入院する際、駅員数人が父の寝ている担架を車中に乗せてくれたこと。

時が変わり、汽車が電車に変っても、車窓からかもめ島が見えてきては安堵しました。江差駅に着くと大好きな江差追分の尺八の音色が町のスピーカーから流れていました。

うれしい思い出も悲しい思い出も、江差線が運んでくれました。江差線を走ってくれた汽車や電車、江差線に携わってくれた駅員関係の方々に永い間お疲れさまと、お礼を言いたいと思います。

大沼浩（千葉県在住）

江差駅と貨物列車

佐々木啓之さん

18歳から日本通運江差支店で働いてきました。昭和57（1982）年に江差駅での貨物の取り扱いが中止になる1年前まで、貨物列車に荷物を搬入する仕事をしていました。貨物列車の発着時は常に時間との戦いです。汽車の発車時間になれば貨物の積み残しがあろうともお構いなしで、定刻通りに発車します。列車は決して待ってくれません。すべての荷物の搬入を終える前に列車が出発し、ホームに荷物を置き去りにされたことも何度もありました。会社に帰ってからが大変です。依頼主のお客様にお詫びの電話をかけて、誠心誠意謝ります。思い返しても、苦い思い出です。

当時の国鉄の江差駅員はまるで神様のようで、文句など言える雰囲気ではありません。江差駅に到着する直前、SLが急坂を登れずいったんバックしてから、ようやく到着したことがあります。この時間のロスによって、江差線全体のダイヤが大幅に乱れることになります。

駅への到着時間が遅れても、折り返しの出発時間は変わりません。そのため、貨物の搬入時間は極端に短くなり、お慌てで作業をすることになります。何とか積み切ろうと必死に作業するのですが、定刻になれば、こっちの苦労も意に介さず「ボー」と汽笛を鳴らして走り出してしまいます。

貨物車両が何とか江差駅に到着するならまだいい方です。滅多にありませんでしたが、最もひどいときには、SLが江差駅前の急坂を貨物の重さで登り切れないと思ったか上ノ国駅で貨物車両を一両切り離してから江差駅に到着することもありました。思い返すと、大変な時代でした。

このようなことがいつまでも続いたわけではありません。普段は尊大な態度をとっていた駅員さんとも町内の職場対抗野球大会が縁でお酒を飲みかわすなど仲良くなり、荷物の取り降ろしを手伝ってもらったこともありました。お客様も常に満員、荷物も多く超多忙な日々でしたから、駅員さんも必死だったとお互い理解し合えるようになりました。

今となってはすべてが懐かしい思い出です。長い年月ご苦労様でした。駅員の皆様ともども感謝しております。

ありがとう江差線、さようなら。

佐々木啓之（江差町在住）

車窓に広がる楽しい風景

小梅洋子さん

「かずやくん、みゆきちゃん、楽しかったかい？　来年もまた来てね！　元気でね！」と、江差駅のホームで見送ります。毎年夏休みを利用して千葉から遊びに来るこの兄妹は、母親の故郷であり祖母が暮らす江差の町が大好きです。

もちろん函館からは江差線に乗ってきます。車窓に広がる楽しい風景は、子どもたちの大のお気に入りです。「白い花が一面に咲いているよ」「カモメが大空を気持ちよさそうに泳いでいるね」「川でおじさんが腹までの長ぐつで釣りをしてる」「大きなトラクターが働いてるよ」「赤いトマトは今日の朝食べたね」。車窓から流れる江差線の風景は子どもたちを夢中にさせます。絵日記の題材にもしていたようで、汽車の旅は親子で向き合う貴重な時間でもあったようです。

思い出すのは、そんな楽しいことばかりではありません。悲しみの知らせで急ぎ駆けつけたつらい思い出もあります。

それでも江差線は悲喜交々の出来事を黙って包み込んでくれました。昔を思いおこし、懐かしんでおります。

たくさんの思い出をありがとうございました。

小梅洋子（江差町在住）

家族三人で暮らした中須田駅

全国でも最初の頃の国鉄民間委託駅の駅員だった父、田畑勝郎が家族とともに中須田駅で切符を販売していたのは、昭和36（1961）年1月から昭和48（1973）年の8月までの12年間でした。

昭和30（1955）年、中須田臨時乗降場が駅に昇格すると、列車の停車も多くなり、ラッシュ時にはホームからあふれるほどの人がいました。特に、冬の失業保険の支給日は、江差の職安に向かう人たちで大変な混みようでした。

中須田区の住民からは駅で切符の販売を望む声が高まりました。その声を聞いた従兄弟の若狭龍太郎中学校校長は「中須田駅で切符の販売をしてもらえないか」と私の父に相談したようです。農業を営んでいた父でしたが、「地域の人たちのためになるのなら」と快諾し、父は農業の傍ら、切符の販売をすることになったのです。

昭和38年ころ、中須田駅で切符を販売する父・田畑勝郎さん（背中）

以来、父は中須田駅で暮らすようになりました。冬期間に至っては私も含めた家族三人が駅舎内で暮らすようになりました。というのも、冬はラッセル車が来るとホームの上に堅い雪が積もり、除雪するために通常の何倍もの労力が必要で、朝5時から起きて、家族三人でホームとホーム下の線路を除雪する必要があったのです。

駅に休みはありません。本業は農家なので収穫期に男手がいるようなときには、父の代わりに私が駅で切符の販売をしたこともありました。こうして、父は農家の繁忙期を除けば毎日駅で働き、休める日はありませんでした。

こんなこともありました。あるとき列車から降りてきた高校生が、「線路が枕木二、三本付けて浮いている」と慌てて駅に駆け込んできたことがありました。父が急いで線路を確認しに行くと、大雨の影響で線路の下にある土砂が流れて、線路が宙に浮いてしまったようです。

父はすぐに上ノ国駅に連絡して、大慌てで上ノ国駅員、中須田の人達が手伝い、復旧作業を行いました。何とか線路の補修を間に合わせて、午後4時前に中須田駅に到着する列車の脱線を免れたとして、高校生二人とともに国鉄から感謝状と金一封をもらいました。その様子は北海道新聞にも写真入りで掲載されました。

駅舎を利用するのは中須田の人たちばかりではなく、小森地区や豊田地区の人たちもいました。口数の少ない父でしたが、父は列車が来る時間より早く来た人たちとの世間話を何よりの楽しみにしていたようです。

後藤マサ子（函館市在住）

生まれ育った湯の岱

江差線の廃線は残念の一言に尽きます。私は鉱山で賑わった上ノ国町桂岡で生まれ、6歳から18歳までを自然豊かな湯の岱で過ごしました。江差高校へは汽車通学でした。母は暗いうちから起きて1日も欠かさず弁当を作ってくれ、私は朝6時過ぎには湯ノ岱駅から江差に向かいました。冬になると汽車の中にはダルマストーブが置かれ、冷えた体を温めてくれました。江差駅から高校までは3.3キロもありますが、3年間歩き続け皆勤賞をもらいましたが、当時は遠いとも苦しいとも思いませんでした。

山中次郎さん夫妻

湯の岱中学校で始めた卓球を高校でも続け、年に1度の函館遠征が何よりの楽しみでした。高校卒業後札幌の会社に勤め、まだ卓球部のなかった会社がその後実業団で活躍するようになった礎を築けたかなとひそかに自負しているところです。

昭和29（1954）年に江差で大相撲巡業が開かれ、大きな力士たちが相撲列車で函館に移動するさまは壮観でした。横綱千代の山と一緒に撮ることができた写真はいまでも宝物です。

湯の岱は江差出身の父母がこのうえなく愛したところです。81歳で亡くなった母の葬儀は函館で行われましたが、湯ノ岱の人たちが大挙して見送ってくださり、葬儀会場があふれかえったことは今でも忘れられません。

平成25年8月には江差線廃線を前に妻と乗車しました。自分を育ててくれた江差線、古里湯ノ岱駅への感謝の旅を終えました。

二度とない
お別れ列車
妻と旅

山中次郎（札幌市在住）

拾いに行った石炭

私は昭和25（1950）年、2歳のときに寿都町から江差町に移り住みました。親はさまざまな仕事をしていて、そのたびに間借住宅を移り変わり、暮らしておりました。小学校4、5年ころ、現在江差幼稚園の場所にあった樺太引き上げ者が暮らす「かもめ寮」に引っ越してきました。

寮には12世帯ほどが入居していました。調理場もトイレも共同でしたが、子どもも大勢おり、仲良く遊ぶ私の姿を見て親も安心していたようです。ごはんも満足に食べられない時代でしたが、寮の皆さんに支えられ、安心して生活ができたことを今でも感謝しております。

宮原隆雄さん

寮は中央に廊下があって、両端に一枚戸の玄関だったと思います。冬はとにかく寒くて、子どもにとってはたまりませんでした。

中学校1年生のころ、江差駅に到着したSLの石炭を捨てる場所に、まだ使える石炭やコークスが混じっていることを聞きました。私は自分の家の生活が苦しいことを知っていたので、歩いて石炭を拾いに行こうと思いました。親には「危ないのでやめなさい」と止められましたが、手提げ袋を持って大人に混じって崖下辺りまで拾い集めに行きました。

必死になって石炭を拾いました。そんな私を見ても、駅員さんは決して怒ることなく、「危ないから気をつけなさい」と声をかけるだけでした。見て見ぬふりをしてくれたんですね。みんな生活が苦しいことを知っていたのです。駅員さんの一言が子どもながらに本当にうれしかったことを覚えています。

拾ってきた石炭とコークスのおかげで、ストーブで暖をとることができました。豆炭は二つ折りの湯タンポに入れ、その夜は暖かく眠ることができました。誰もが貧しい時代でしたので、たとえ捨てられた物であったとして、江差線あっての恵み、多くの人たちに助けてもらいました。

長い歴史に幕を閉じる江差線と江差駅の皆さん、ありがとうございました。せめて忘れることなく、駅と線路だけは残されることを願っております。

宮原隆雄（江差町在住）

父との思い出

食糧難の時代、江差線は父の思い出と離すことができません。私の父は明治38（1905）年に上ノ国村（当時）中須田で生まれ、大正14（1925）年旭川歩兵隊に入隊するも、戦地で負傷し昭和3（1928）年に除隊しました。その後江差町に移住し、青森県鰺ヶ沢町出身の母と結婚。新地町の飲み屋街に古い住宅を買い、江差駅が開業した昭和11（1936）年に小さな酒場「カフエー大黒屋」を開店しました。当初は両親二人での営業でしたが、娯楽の少ない時代、細々ながらも生計を立て戦後を迎えました。

ようやく商売も軌道に乗り始めた昭和28（1953）年ころから、新鮮な野菜、果物なども必要と考え、父は函館の青空市場まで買い出しに出かけるようになりました。私も中学1年生のとき、学校を休んで函館まで連れて行ってもらったことがあります。

江差駅は買い出しの人たちでごった返していました。待合室ばかりか駅舎の外まで人であふれかえっていました。列車が来るとすぐに座席が埋まってしまいます。そのため、父は改札を終えると、客車の窓から私を車内に投げこみ、座席を確保していました。江差駅発のSLは客車2両に貨物車を連結していました。車内はもちろん、デッキまで客であふれかえっていました。

函館駅横の青空市場は買い出しの人たちが集まり、それはもう大変な人出で、祭りのような大賑わいです。私は父について歩くのが精一杯でした。米は青森方面から「かつぎ屋」と言われる女性たちが運んできます。一度に60kg以上も背負い、青函連絡船を何度も往復したそうです。こんなに苦労しても、もうけは船賃などが嵩み、ほんのわずかしかもらえなかったそうです。皆が空腹の時代、売る人も買う人も生きるのに必死でした。

買い出しを終え、函館駅まで戻ると、江差駅以上の大勢の人たちであふれかえっています。人ごみをかき分けると、今度は帰りの列車の座席を取るための競争が始まります。長い車両の場合は江差行きホームまで階段を昇り降りしなければなりません。小さい体に食糧がぎっしり詰まった大人用のリュックサックを背負っているので、階段を昇り降りするのはとてもつらいものでした。腰下までのリュックサックは走れば踊ります。父には「走れぇ」と何度怒鳴られたことでしょう。

車内は買い出し帰りの人と荷物で、足の踏み場がないほど混雑しています。父と離れた場所に何とか座席を確保できても、ひと安心とはいきません。父からは「江差に着くまでは寝るな」と怒鳴り声が飛んできます。「この鬼おやじ」と思いましたが、途中駅で下車する人に間違って荷物を持っていかれることもあるので、自分の荷物をしっかりと見張っておく必要があったのです。

さらに、いちばん困ったのはトイレ。父に「我慢しろ」と言われても、3時間30分ほどの長旅。何とか必死で我慢しました。

江差駅に着くと母が迎えにきていましたが、もう心身ともヘトヘトで話をしたくないほど疲れ果てていました。

思い出いっぱいの江差線。鉄路に支えられ、助けられて生きてきました。廃線になっても江差線を次世代の子どもたちに語り継いでいくのが、大人として、親としての責務でないかと感じています。

田畑栄市（江差町在住）

遠ざかる列車に手をふる人の姿（昭和40年代、江差駅）

見送りの風景（昭和40年代、江差駅）

見送りの風景（昭和40年代、江差駅）

江差線の思い出Ⅱ

JR 江差線木古内―江差間が 5 月 11 日の運行を最後に廃止された。
昭和 11（1936）年の全線開通から、地域の生活や産業の発展に貢献し、親しまれてきた。
沿線に住み、ゆかりある人たちの思いを紹介する。

（平成 26 年 5 月 5 日～5 月 11 日 北海道新聞朝刊掲載）

点検や除雪　強い責任感

木古内駅のホームを歩きながら、かつての保線業務を振り返る三浦郁夫さん

廃止となる木古内～江差間 42・1km の中でも、木古内から 2、3 駅目の吉堀―神明間は有数の難所として知られる。山間を縫うように線路が蛇行し、狭いトンネルがいくつも続く。車窓の景色は四季それぞれに美しいが、線路を守る苦労は計り知れない。

昭和 43（1968）年に旧国鉄に入り、木古内保線区の木古内―江差間で線路の点検や除雪に携わった。夏は、雨が降るたびに伸びた草を刈るのが日課。ずぶぬれになりながら、朝から晩まで鎌を手に線路沿いで作業した。

冬は氷点下の寒さの中、同僚と木古内駅から湯ノ岱駅まで、保線用ハンマーを手に 20km 歩いたこともあった。トンネル内では、ガス灯を頼りにつららを落とす仕事に追われた。「楽ではなかったが、鉄道を守る強い責任感があった」

上磯町茂辺地（現北斗市）に 4 人兄弟の長男として生まれた。裕福ではなく、父親から「高校進学は我慢してもらう」と言われた。中学卒業後、函館にあった北海道鉄道学園で勉強に励んだ。

「当時の保線区の職員は団結力が強かった。組織に活気があり、問題があれば若い職員も上司に意見をぶつけた」と振り返る。だが、民営化の流れの中、国鉄清算事業団で 3 年間働いた後、退職。現在は木古内町内で焼き肉店を営む。

何となくわだかまりが残り、退職後は江差線にあえて乗らなかった。でも、廃止が迫った今、友人と一緒に江差線の短い旅を計画している。「20 年、ここで汗水流して働いた記憶を、車両の中でかみしめたい」という。

発車を待ってもらった

若き日の思い出が詰まった吉堀駅に立つ川瀬盛美さん

「ポーっという汽笛は青春の思い出」

木古内町の吉堀駅から汽車に乗り、江差の中学、高校に通学した。「朝 5 時半過ぎの汽車で学校に向かった。朝ご飯を用意するおふくろはもっと早くに起きていた」。父親は 12 歳のころに亡くなった。「母の苦労は大変なものだったと思う。感謝している」と当時を振り返る。

冬になると道路は雪でふさがった。このため家から駅までは、ラッセル車で除雪された後の線路を歩いたことも。そんな中、実は汽車を 1 度だけ止めた経験がある。

朝、自宅を出る時間が遅れてしまい汽車が吉堀駅に先に着きそうだった。「待ってで！」。汽車に向かい大声を張り上げた。機関士が気づいてくれたらしく汽車をホームで止めて待っていてくれた。今では考えられないことだが、おおらかな時代。一生忘れられない記憶となった。

その後、家を支えていた兄が亡くなり、高校中退を余儀なくされて農家を継いだ。江差線沿線にある農場で始めた畜産は 2 頭の牛から。農作業をしている際、江差に向かう列車を見ると通学した当時の風景がよみがえる。「（稲穂）トンネルを越えれば、湯ノ岱、桂岡…」。心の中で「卒業したかった」と思いながらも農作業にいそしんだ。現在は60頭余りの「はこだて和牛」を息子が引き継ぎ、育てている。

「ああ、列車の汽笛をあと何回聞けるのだろう」。毎日、自宅で耳を澄ませて待っている。

林業、地域発展の原動力

湯ノ岱駅のホームでかつて栄えた林業の思い出を語る結城孝作さん

「駅周辺には丸太を馬そりで運搬してくる人が大勢いて、それは活気があったものだったよ」。湯ノ岱駅のホームに立ち、1950～70年代の湯ノ岱地区を懐かしんだ。四方を山に囲まれた同地区は林業で栄えた。繁栄の一翼を担ったのが江差線だ。

駅には貨物専用線が3本備わり、貨車で丸太を函館方面に運んだ。構内では毎日、多くの作業員が人力で丸太を貨車の荷台に積み込む光景が見られた。今でこそ同地区の人口は約250人だが、当時は林業従事者だけで数百人はいたという。

樺太出身で終戦後、18歳で家族と湯ノ岱に移り住んだ。農業を営み、冬は林業に従事。30代前半に江差営林署（現檜山森林管理署）職員となり、伐採や林道整備などを担当した。林業とのかかわりは通算約40年に上る。

伐採作業の現場は地区から20kmほど山奥で、平日は帰宅できず山中の作業員宿舎で寝泊まりしたことも。仕事はハードだったが「自分たちの切った木が江差線で運ばれ、日本のどこかで役に立っていると思うと誇らしかった」。

1960年代から、丸太の輸送手段はトラックに切り替わり、70年代後半になると貨車の姿をあまり見かけなくなった。林業も勢いを失っていった。平成3（1991）年に60歳で退職した時、同署の職員数は最盛期の半分程度の約100人に減っていた。

現在、地区内で林業に携わる人はごくわずか。日常的に江差線を利用する人もほとんどいなくなった。でも、江差線がなければ地区の発展はなかったと思っている。「最後の日は感謝の気持ちで列車を見送りたい」

子供たちの郷土愛育む

中須田駅のホームで江差線の学習を振り返る安里朗さん

河北小（坂本景子校長）は昨年度、全校児童の32人が1年を通じ、江差線が地域に果たした役割を勉強した。練り上げた学習計画を振り返りながら「子供たちは、暮らしに根を下ろしていた鉄道を理解してくれたと思う」と話す。

校舎のすぐそばを江差線が走り、中須田駅からも近い小学校。身近な路線の廃止を前に「ふるさとの歴史を学んでもらえたら」と考えた。

生活科や総合学習の時間を利用し週1、2回のペースで学習。3班に分かれて同線に詳しい住民に昔話を聞き、駅を見学し、実際に列車に乗った。歴史をたどり、住民生活とのかかわりや、バス転換後に指摘される課題を調べた。学習成果の発表会も2回、開いた。

同線を利用していた児童は少なく当初、子供たちの関心は高くなかった。次第に学習を重ねるうち、意識に変化が生まれたという。

沿線の農家はかつて、午後3時ごろに通る列車を「おやつ列車」と呼び、列車を時計代わりにして農作業の休憩の合図にしていた。中須田駅の開設は、地域住民の強い要望があって実現した─。昔の様子を知った児童たちは「もっと上ノ国のことを知りたい」と感想を漏らすようになった。ふるさとへの愛着が芽生えたようだ。

授業の準備のため、自身も事前に同線の歴史に詳しい住民を探し、上ノ国の歴史資料を読み込んだ。同線の輸送能力によって鉱山が栄え、まちが今では想像もできないほど潤っていたことに驚いた。「廃止後も江差線と上ノ国の歴史のかかわりを子供たちに教えていきたい」

人生の節目　彩った鉄路

上ノ国駅のホームで高校通学時の思い出を語る北村克夫さん

若いころの思い出には、江差線の情景が浮かぶ。「それだけ生活の一部でもあり、なくてはならない鉄道だった」と振り返る。

上ノ国町で生まれ育ち、上ノ国駅をよく利用した。江差高校への通学では、木造の古びた駅舎の改札を通り抜け、毎朝、午前6時59分、上ノ国駅発の列車に飛び乗った。車内は高校生で満員に近い状態。友達との何げない会話や、車内で見かけた女子生徒をちょっと意識したことが、青春の一こまとしてよみがえる。

人生の節目でも江差線が登場する。高校卒業後、東京の町工場で働くため、ボストンバッグ一つを手に上京。今も旅立ちの日が忘れられない。列車が動き始めてから、体調を崩して見送りに来ないと思っていた父の姿を駅近くの線路脇に見つけた。一瞬のことで手を振ることもできず、見えなくなるまで、窓越しに父を見つめた。寡黙で厳しかった父の気遣いがうれしかった。

上ノ国町役場に採用が決まり、22歳で帰郷する時にも江差線を使った。列車に揺られ、神明駅、湯ノ岱駅と通過するたび「故郷に帰ってきたと実感し、うれしさがこみ上げた」。乗客の会話のなまりも懐かしかった。でも、30代でマイカーを購入すると、江差線は遠い存在になっていった。

4月27日に町内会で久しぶりに江差線に乗った。上ノ国駅から湯ノ岱駅までの短い旅だったが、車窓を流れる景色が懐かしく、古里の風景を目に焼き付けた。「自分にとって江差線は青春の応援列車。いつまでも忘れずにいたい」

羊羹を支えてくれ感謝

JR江差駅前で丸缶羊羹が売られていた商店の方向を指さす小笠原隆さん

明治3（1870）年創業の老舗「五勝手屋本舗」は昨年11月から、看板商品「丸缶羊羹（ようかん）」の外装デザインに江差線のイラストを採用した記念羊羹を販売している。「店がここまで有名になれたのは江差線のおかげだと思っています」と5代目社長は感謝した。

丸缶は直径3cm、長さ12cmの筒状の紙容器に入った羊羹。容器に付いている糸で好きな大きさに切って食べられるのが特徴だ。手軽さが受け、自宅用、土産用として長年、地域住民や観光客に愛されている。

丸缶の誕生時期や経緯の詳細ははっきりしないが、昭和15（1940）年には既にあったという。昭和11（1936）年の江差線全線開通で多くの人が仕事や帰省、観光に鉄道を利用するようになり、土産としてよく売れた。

1950～70年代の江差駅では盆や年末年始を中心に、風呂敷いっぱいに丸缶を包んで乗車する人も。「東京に帰る人から『羊羹が重いので軽くして』と言われたこともありましたね」と懐かしむ。駅前の商店での販売数が、本店を抜いたこともあった。

同線は1970年代ごろまで、羊羹に必要な原料の寒天や紙容器なども運んだ。自身は中学生時代、同駅に到着した材料を約1キロ離れた本店までリヤカーに積んで運んだ。坂道が多く、息を切らして引いた記憶が残っている。

記念羊羹は、発売以降1万本以上が売れたヒット商品に。最後まで店の発展を支えてくれた同線との別れはやはり残念だ。「江差線がもたらしてくれた繁栄を忘れずに、今後も地域発展に貢献していきたい」

春は江差線に乗って

イマイカツミ

吉堀、湯ノ岱が昭和10（1935）年12月10日生まれの満78歳。約1年遅れて昭和11（1936）年11月10日生まれの満77歳が桂岡、上ノ国、江差。少々年が離れ、昭和30（1955）年に仮乗降場から正式な駅になった中須田はちょっと異色な満59歳。昭和32（1957）年生まれは神明だけで満57歳。最も若い昭和39（1964）年生まれの満49歳が渡島鶴岡と宮越である。

これらは来る平成26（2014）年5月11日に廃止となるJR江差線の木古内―江差間の9駅だ。JR北海道全路線で最低の利用者数と大幅赤字の江差線とあって、平成24（2012）年9月にこの区間の廃止が正式に表明されると、沿線地域でも「やっぱり…」といった声が漏れた。「赤字で利用客減だから廃線」は理屈では分かる。だが、決して軽く受け止めてはいけない。この鉄路は、先人たちの努力と苦労の基に作られたものなのだから。

僕は実際に江差線に乗ってみることにした。平成26年2月25日午前8時8分、木古内発江差行は平日の朝でも学生の姿は見えず、乗客は鉄道ファンと思しき人など10人ほど。ディーゼルエンジンのゴゴゴーという響きで走り出した。車窓から見ると、雪原の白さを余計に感じて目に眩しい。2駅目の吉堀を過ぎて駅間最長の13・2km、稲穂峠越えになる。木々と雪とが作るモノトーンの森閑とした谷間を縫って山を上り、下り、トンネルを抜ける。ここに線路を敷く困難さは容易に察しがつく。峠を越えると、開業当時の木造駅舎で板張りホームの神明駅に次いで、湯ノ岱駅に着く。江差線全線開業1年前に、この湯ノ岱駅が開業した当時の記事が「続・上ノ国村史」にあった。

「昭和十年十二月湯ノ岱駅が開業し、湯ノ岱小学校で盛んな祝賀会が開催された。もっとも不便な、もっとも文化にも遅れていた湯ノ岱は檜山の玄関口となって、江差から幌馬橇が客を乗せてラッパを鳴らし、雪が消えるとバスが通った。（略）江差線が全通するまで、湯ノ岱は人と車で賑わった」。その後、湯ノ岱駅の乗降客は昭和27（1952）年度には約11

木古内駅

渡島鶴岡駅

実に小さくて愛らしい駅だ。駅舎内には、そばにある鶴岡小学校が平成23（2011）年に閉校するまで生徒たちが行っていた清掃の記録「渡島鶴岡駅清掃日誌」がまだ置いてあって、これを覗くと何だか泣ける。駅と人とが愛し愛される象徴のようなものだ。さて、列車はこの駅にほど近い禅燈寺の仁王門と本堂の間、つまり参道を横切る。これは非常に珍しいことで、江差線での鉄道ファンの萌えスポットのひとつとなっている。

吉堀駅

廃止９駅の中で最も古い駅の一つ、吉堀駅。駅の周囲は必要最小限だけ除雪されていて、駅前は閑散としている。黄色い貨車型のこの駅は２代目で、現在木古内駅に初代の木造駅舎など、木古内～江差間の懐かしの駅舎の写真が展示されている。以前、駅員の方から木造駅舎よりこうした貨車型のほうが維持管理しやすいと聞いたことがある。貨車型駅もユニークだが、あまりの容貌の変化に、これも時代の流れなのかなと思った。

湯ノ岱駅

終点の江差駅を除いて有人改札が行われるのはこの駅だけで、９駅中開業が最も古い駅の一つだ。木古内─江差間では唯一この駅で列車がすれ違う。その際に上下線の運転士が駅員を介して通行許可証「スタフ」の受け渡しを行うため、その様子などを撮るべく鉄道ファンがホームに降りて、慌ただしく動き回っていた。駅舎の中央に置かれたストーブ。無人駅にはないじんわりと広がるそのぬくもりが、駅舎に息吹を与えているように思えた。

万7千人（1日平均320人）、昭和36（1961）年度には約14万5千人（同約400人）と、飛躍的に伸びる。駅の開業が地域に何をもたらしたかは言わずもがなだろう。

その先、天野川の流れを横目に併走し、宮越駅、桂岡駅、中須田駅と越え、路線の白眉は上ノ国駅を出てから程なくして眼前に開ける日本海だ。内郷浜から徐々に迫って来る鷗島と開陽丸を眺めながら、終着・江差駅に到着。各駅停車69分間の、ささやかで、しかしドラマチックな旅が終わる。

「江差町史」に興味深いものを見つけた。江差線全線開通時の祝賀行事のプログラムだ。行事は3日間にもわたる。かいつまんでも、初日（11月10日）は「処女列車歓迎」に始まり、開通式に旗行列、それに江差小唄踊大会（これは3日間続く）が催され、2日目も全道追分大会や磯船競漕、さらに3日目も道南角力大会や山車行列など終始盛り沢山。C 56蒸気機関車がけん引する初列車に日の丸の旗を振って出迎える白黒写真には、江差線全線開通までの鉄道敷設運動30年に及ぶ苦労が結実した歓喜が凝縮されている。

江差線の良さは、実際に乗ればよく分かる。四季それぞれに違う表情を見せ、きっとどれも素晴らしいことだろう。こんなんだったら僕ももっと早くに乗って、何回も来ればよかったと思う。「もっと早くあぁしておけば…」。だけど、それを思うのはいつもお別れの時なのだ。廃止はとても残念だけど、5月11日はお疲れさま、ありがとうの気持ちを込めて9駅の卒業を見送りたいと思う。

「江差の5月は江戸にもない」。春告魚のニシン漁の繁栄から来たこの言葉も、ニシンとともに幻になってしまった。JR北海道が今、大きな問題と対峙し、改革へと向かう傍らで、江差線木古内―江差間は間もなく、あの振る旗の賑わいが幻だったかのように、静かに鉄道の運行を終えようとしている。

湯ノ岱駅舎内

上ノ国駅

内郷浜から江差駅へ

木古内を出発した江差線は、山に川にと越えて最後に日本海に出る。パッと眼前に開ける日本海を眺めながら終点・江差駅に着くラストには、誰しも心動かされるだろう。江差の鷗島に浮かぶ「徳川幕府最強の軍艦」と称される開陽丸もどんどん迫って来る。開陽丸は戦の前に座礁・沈没した悲劇の戦艦で、もしこれが活躍していたら今の歴史も北海道もずいぶん変わっただろうなどと思いを馳せるのも、歴史深い終点・江差のいいところだ。

江差駅

開陽丸の絵も描いてきたのだけど、今回は平成23（2011）年7月に描いた江差駅の絵を使うことにした。これを描いた時は駅前にスピーカーから江差追分が流れていたのだが、残念ながら今回は音色は聞こえなかった。その代わり、駅の出入り口には江差のゆるキャラ「しげちゃん」の看板が置かれていた。江差駅舎も2代目で、初代駅舎の開業当時の姿は「江差町史」などに見ることが出来るが、その賑わう様子は今の静けさを思うと実に隔世の感がある。

旅を終えて

旅の中で感じた二つの皮肉。一つは利用者数が最低と言われた江差線が、廃止前の今になって利用者が急増していること。もう一つは、木古内駅。開業は9駅よりさらに古い昭和5（1930）年だが、現在お色直し中。北海道新幹線の停車駅として、御年84歳にして新しく生まれ変わる。一方では廃止になることで地域の衰退が危惧され、他方では新幹線により沿線が活気づく。駅も実にさまざまな運命に翻弄されているのだとつくづく思った。

（平成26年3月28日北海道新聞夕刊掲載）

第6章　江差線各駅停車

江差線各駅停車 I （五稜郭駅〜札苅駅）

江差線は五稜郭〜江差間の全21駅を結ぶ路線である。木古内〜江差間42kmは利用客の減少から平成26（2014）年5月11日の運行を最後に廃止になった。江差線は廃線となったが、津軽海峡線五稜郭〜木古内間38kmは、平成28（2016）年3月開業予定の北海道新幹線の並行在来線としてJR北海道から経営分離され、道と沿線自治体が出資する第三セクターが引き継ぐ。

五稜郭〜木古内間は津軽海峡線の区間で、特急電車や貨物列車の往来が非常に多いのが特色である。路線は木古内まで国道228号を沿うように走る。

五稜郭駅

五稜郭 ― 2.7km ― 七重浜

平成25年

五稜郭駅は江差線の起点駅であり、函館本線との分岐駅でもある。五稜郭駅は明治44（1911）年に開業し、平成23（2011）年に開業100周年を迎えた。駅舎は昭和18（1943）年落成の建物が一部改築され今も残る。

2面4線。駅舎と2つのホームとは跨線橋で連絡している。江差方面は電化区間で、函館本線は五稜郭駅から小樽までが非電化区間。かつては普通列車の停車が主体だったが、特急列車の停車も増えた。

待合室には、キオスクやみどりの窓口ほか、駅そばの店がある。駅そばの店はジェイ・アールはこだて開発が運営している。

五稜郭駅を出ると正面にはタクシーやバスのロータリーがある。五稜郭駅は特別史跡の五稜郭の最寄駅ではあるが、2kmほど離れた位置にあるため、タクシーやおおよそ30分おきに運行されているバスを利用する人が多い。国道5号を挟んで正面には「カメラのコジマ」の大きな建物が見える。

五稜郭駅を出発すると、進行方向左手に函館市立病院が見える。路線は函館本線と分かれ、住宅地の間を縫うように走る。五稜郭駅から七重浜駅まで、函館の市街地が途切れることなく続いている。

昭和54年

平成13年

ホーム（平成26年）

平成17年

所在地	函館市亀田本町64番16号
駅名	国の特別史跡に指定されている星形の城郭「五稜郭」に由来。
開業	明治44（1911）年9月1日
ホーム数	2面4線
営業キロ数	函館駅から3.4km
明治44（1911）年 9月 1日	開業
昭和18（1943）年 1月10日	五稜郭操車場一部使用開始
昭和25（1950）年 2月10日	五稜郭構内駅（貨物関係の駅）設置
昭和52（1977）年10月	駅舎を改築する
昭和54（1979）年 4月 1日	北海道初の指定券等自動券売装置（T型）設置
昭和55（1980）年 5月 1日	五稜郭駅貨物ターミナル使用開始
昭和59（1984）年 2月 1日	五稜郭操車場（貨物の操車場）使用停止
7月17日	第1種電気継電連動装置を設置
昭和61（1986）年11月 1日	貨物取扱廃止（貨物取扱は、五稜郭駅貨物ターミナルのみとなる）。函館、五稜郭に構内無線を導入
昭和63（1988）年 7月 8日	トラベルセンターを開設
10月 2日	駅前に直営洗車場を開設
平成 3（1991）年 9月 1日	開業80周年記念イベントを開催
平成 9（1997）年10月 1日	ダイヤ改正で特急・快速列車26本が停車。五稜郭パーク&トレイン駐車場開設
平成23（2011）年 3月12日	貨物駅を函館貨物駅に改称 開業100周年を迎える

七重浜駅

五稜郭 ―2.7km― 七重浜 ―2.6km― 東久根別

ななえはま

平成 25 年

昭和 53 年

昭和 54 年

所在地	北斗市七重浜2丁目32番21号
駅名	アイヌ語の「ヌ・アン・ナイ」（豊漁な川）が由来。「七飯」と区別するために、浜辺にあるので「浜」の字をつけた。
開業	大正15（1926）年6月21日
ホーム数	1面2線
営業キロ数	五稜郭駅から2.7km
大正15（1926）年 6月21日	開業
昭和54（1979）年 3月14日	木造駅舎から鉄筋平屋建てに改築される
昭和56（1981）年 7月 1日	自動券売機が設置される
昭和59（1984）年 2月 1日	貨物の取扱いが廃止となり、旅客駅となる
12月16日	簡易自動車駐車場が開設される
昭和61（1986）年12月 1日	国鉄青函局館内で初めて橋上駅となる
平成10（1998）年 4月 1日	業務委託駅となる

さわやかなスカイブルーの色が特徴の七重浜駅は住宅地の中にある。大正 15（1926）年に開業し、昭和 54（1979）年に木造から鉄筋コンクリート平屋建てに改築された。昭和 61（1986）年に跨線橋の上に駅舎がある橋上駅となった。

1 面 2 線。駅構内にはかつて相対式の旅客ホームがあったが、津軽海峡線の開業にともなって島式ホームが新設された。旧駅舎側のホームは使用停止になったが、平屋建ての旧駅舎は現在も残っていて駅長事務室として使われている。駅を管理しているのは五稜郭駅で、ジェイ・アールはこだて開発が駅業務を受託している。

昭和 59（1984）年ごろまでは、駅の北西にあるコスモ石油函館物流基地（当時はアジア石油函館製油所）への専用線があり、石油製品の発送が行われていた。

平成 15（2003）年、駅に隣接する形で 400 人規模の大ホールを持つ市の公共施設「七重浜住民センターれいんぼー」が建てられた。

駅の南東には函館水産高校、函館方面へさらに南東に向かうと函館と青森を結ぶ津軽海峡フェリー函館ターミナル、北大水産学部のキャンパスがある。海岸線に向かって駅の南西に向かって歩くと、洞爺丸台風海難者慰霊の碑や七重浜海水浴場がある。

東久根別駅

七重浜 ―2.6km― 東久根別 ―1.2km― 久根別

ひがしくねべつ

平成 14 年　M.A

所在地	北斗市久根別1丁目
駅名	久根別駅の東に位置することから名づけられた。
開業	昭和61（1986）年11月1日
ホーム数	1面1線
営業キロ数	五稜郭駅から5.3km
昭和61（1986）年11月 1日	臨時乗降場として開業（駅員無配置）。貨車を改造し駅舎を設置する
昭和62（1987）年 4月 1日	臨時乗降場から駅に昇格する
平成11（1999）年12月 8日	自動券売機が設置される

駅舎内の様子（平成 19 年）　M.A

七重浜駅から江差方面へ久根別川を渡ると、まもなく東久根別駅に着く。七重浜と東久根別のちょうど中間地点当たりに天然温泉七重浜の湯がある。露天風呂から海を一望できる大規模な温泉施設で、以前スパビーチと呼ばれた道南最大のレジャープールで、若者に人気があった。

東久根別駅は昭和 62（1987）年に臨時乗降場から駅に昇格した。江差線のなかでは最も新しく開設された。1 面 1 線。五稜郭駅が管理する無人駅である。駅の周辺には住宅地が広がり、ホームの南側には市営住宅久根別団地の建物が何棟も建つ。

駅舎は開設当初からリサイクル車両が利用されている。屋根の上にはアーチ状の駅名版が設置されている。駅舎内には券売機やストーブが置かれている。

久根別駅

東久根別 ━ 1.2km ━ 久根別 ━ 1.1km ━ 清川口

平成 14 年　M.A

ホーム（平成 21 年）

大正２（1913）年に上磯線の開通と同時に開業した歴史のある駅である。戦前は駅付近に製鉄所があり、鉄鉱などの発送も行った。現在の駅舎は昭和 29（1954）年建築の木造駅舎。２面３線。ホームと駅舎は跨線橋で連絡されている。かつては出札業務もされていたが、現在はされていない。現在は五稜郭駅管理の無人駅となっている。

昭和 54 年

所在地	北斗市久根別2丁目25番14号
駅名	アイヌ語の「クンネ・ペッ」（黒くて濁る川）が由来で、この川とは久根別川のことである。
開業	大正2（1913）年9月15日
ホーム数	2面3線
営業キロ数	五稜郭駅から6.5km
大正 2（1913）年 9月15日	上磯軽便線五稜郭～上磯間開通と同時に開業する
昭和36（1961）年 4月11日	貨物取扱廃止、旅客駅となる
昭和54（1979）年	駅舎が改築される
昭和56（1981）年 9月25日	自動券売機が設置される
昭和60（1985）年 3月31日	駅員無配置となる
平成 3（1991）年12月24日	駅舎が改築される
平成11（1999）年 4月 1日	歩行者用の陸橋ができる

平成 11（1999）年に全長約 70m の歩行者用の陸橋ができた。通路の端には自転車専用の通行帯も備えられている。駅の周辺は住宅地だが、南側には「サッポロドラッグストア」の久根別店、南東に少し歩くと「ダイソー」や「コープさっぽろ」といった商業施設もあり利便性がよい。この駅から木古内方面へと向かい、大野川を渡ると、清川口駅に着く。

清川口駅

久根別 ━ 1.1km ━ 清川口 ━ 1.2km ━ 上磯

平成 14 年　M.A

所在地	北斗市中央1丁目
駅名	北方約4kmにかつて松前城の「とりで」清川陣屋跡があり、その付近にあった清川集落に近かったため。
開業	昭和31（1956）年10月1日
ホーム数	1面1線
営業キロ数	五稜郭駅から7.6km
昭和31（1956）年10月 1日	開業。開業当初から駅員無配置
昭和45（1970）年11月	駅舎が改築される
昭和54（1979）年12月20日	駅舎が改築される

ホーム（平成 22 年）

昭和 54 年

清川口駅は昭和 31（1956）年に開業した。開業時は待合室もない、ホームだけの駅であったが、昭和 54（1979）年に現在の駅舎が建てられた。１面１線。管理委託駅で、駅舎の待合室の中には清川口駅売店という店があり、ここで切符の販売もされている。待合室には椅子がたくさんあり、ラッシュ時を除けばゆっくり座って列車の時間を待つことができる。

この地域は上磯町と大野町をむすぶ交通の要衝として古くから栄え、駅の周辺は比較的早くから宅地が進んだ。駅の南側には北斗市役所、北西には北斗市立図書館、上磯高校もあり、朝夕は乗降客で混み合う。この駅から木古内方面へと向かい、戸切地川を渡ると、上磯駅に着く。

上磯駅

清川口 1.2km 上磯 8.8km 茂辺地

平成 25 年

平成 14 年 M.A

昭和 54 年

所在地	北斗市飯生町2丁目7番6号
駅名	2説ある。①アイヌ語の「カマ・イソ」(波かぶり岩)に由来、②北海道ではむかし西を上、東を下と言っていたため、函館の西にある海岸(磯)という意味。
開業	大正2(1913)年9月15日
ホーム数	2面3線
営業キロ数	五稜郭駅から8.8km
大正 2(1913)年 9月15日	上磯軽便線五稜郭～上磯間開通と同時に開業する。転車台が設置される
昭和56(1981)年 8月10日	自動券売機を設置
昭和60(1985)年 3月14日	貨物運輸営業廃止
昭和61(1986)年 4月 1日	直営飲食店のわくわく亭が開設される
昭和62(1987)年10月31日	函館支店艦内3番目の橋上駅となる
昭和63(1988)年 3月	駅舎が改築される
平成10(1998)年 4月 1日	業務委託駅となる

上磯駅は大正２（1913）年に上磯線の開通と同時に開業したこの地域の拠点駅である。上磯はセメントの町としても知られる。駅の西側に、国内最古の稼働セメント工場として知られる太平洋セメント上磯工場が見える。明治 25（1892）年の操業以来、国内産業の発展を下支えしてきた。東日本大震災の復興工事に加え、首都圏の再開発の活発化でセメント需要が増加し、休む間もなくフル稼働している。かつては上磯工場への専用鉄道があったが、昭和 60（1985）年に廃止された。上磯駅はセメントのほか、石灰、砂利、木材など貨物輸送と合わせて、かつては青函局屈指の貨物駅であった。現在はこれらの貨物が他の輸送手段に変わり、昔日の面影はない。

上磯駅はジェイ・アールはこだて開発が管理する業務委託駅である。２面３線。跨線橋上にある橋上駅舎で、跨線橋が駅の南北をむすぶ連絡橋になっている。みどりの窓口も営業している。南側の駅前広場にはタクシーも待機し、商店街が広がる。このまま南に歩くと、すぐに海が見える。

上磯駅を出発し、木古内方面へと向かうと、路線は海岸線を離れ、大きく北に迂回するが、このとき進行方向左手には間近に巨大なセメント工場が見える。上磯駅～茂辺地駅の駅間距離は、江差線では吉堀～神明 13.2km に次ぐ距離で、8.8km ある。上磯駅から茂辺地駅まで行く途中に津軽海峡線開業に伴い平成２（1990）年に開設された矢不来信号場（第一・第二）がある。

茂辺地駅

上磯 8.8km 茂辺地 5.0km 渡島当別

平成 14 年 M.A

昭和 54 年

ホーム（平成 14 年） M.A

所在地	北斗市茂辺地鉄道用地
駅名	2説ある。①アイヌ語の「モ・ペッ」(静かな)川に由来し、この川は茂辺地川を指したものである。②享徳年間(1452～54年)に下国氏が築いた茂別館があったので、茂別と呼ばれるようになり、後に「茂辺地」に改めた。
開業	昭和5(1930)年10月25日
ホーム数	2面3線
営業キロ数	五稜郭駅から17.6km
昭和 5(1930)年10月25日	上磯線上磯～木古内間の開通とともに同時に開業する
昭和45(1970)年12月12日	貨物の取り扱いが廃止される。旅客駅となる
昭和57(1982)年	駅員無配置となる
昭和63(1988)年	駅舎が改築され、跨線橋も設置される

茂辺地駅は昭和５（1930）年に開業した。茂辺地地域の歴史は古い。道南十二館の一つで国指定文化財の「茂別館跡」、幕末に建てられたとされる旧家高嶋商店は食料雑貨商の傍ら漁業や林業を手広く経営した面影を残す。

現在の茂辺地駅舎は昭和 63（1988）年に改築された建物で、開口部に特徴がある。改築時期が同じため、建物は泉沢駅、札苅駅と同じような建物である。構内には跨線橋があり、駅の東西をむすぶ連絡橋になっている。かつては切符も販売されていた管理委託駅で、木材、砂利など貨物類の取り扱いが多かった。また、海水浴客のための臨時列車が運転されるなど賑わっていたが、現在は貨物の取り扱いもなく、乗降者数も減り、無人駅となった。駅の周辺は住宅もまばらで、山側には林が広がる。

路線は茂辺地駅を出ると、少し高い海沿いを走る。

渡島当別駅

茂辺地 ― 5.0km ― **渡島当別** ― 4.9km ― 釜谷

平成 24 年

渡島当別駅は昭和 5（1930）年に開業した。開業当時、すでに根室本線に似た発音の十弗（とおふつ）駅があり、紛らわしいという理由で国名の渡島を上に付けた。かつてトラピスト製品の少量が貨物として扱われていたが、現在は旅客だけの扱いである。2 面 2 線。以前はキオスクで切符が販売されていたが、現在は無人駅である。

三角屋根が目印の駅舎は、1 キロほど西にあるトラピスト修道院の最寄り駅で、昭和 63（1988）年に修道院をモチーフに改築された。舎内にはキリスト教にまつわる陶器の聖像や修道院の写真も展示されていて、まるで教会のようである。

駅舎は渡島当別郵便局の局舎と合体した建物となっていて、正面から見て右半分は駅、左半分は郵便局になっている。入り口には昔ながらの赤い丸ポストがたたずむ。こうした形態の駅兼郵便局は全国的にも珍しい。

渡島当別駅は江差線では江差、函館に次ぐ観光駅である。トラピスト修道院だけでなく、男爵いもの生みの親「川田龍吉」の川田男爵資料館の最寄り駅でもある。

渡島当別駅を出ると、釜谷駅までは海岸線を走り、風光明媚な風景が楽しめる。車窓からは海岸ぎりぎりを走る国道 228 号を見下ろし、遠くには津軽半島や下北半島が見える。

渡島当別駅と次の釜谷駅の中間点が北斗市と木古内町の境界線となり、釜谷駅から木古内町になる。

昭和 62 年

駅舎内の様子（平成 14 年）
M.A

所在地	北斗市当別鉄道用地
駅名	「当別」はアイヌ語の「ト・ペッ」（沼川）に由来。むかしは当別川の上流に沼があったためそう呼ばれた。
開業	昭和5（1930）年10月25日
ホーム数	2面2線
営業キロ数	五稜郭駅から22.6km
昭和 5（1930）年10月25日	上磯線上磯～木古内間開通し同時に開業する
昭和45（1970）年12月12日	貨物取扱廃止、旅客駅となる
昭和63（1988）年 7月11日	駅舎改築、渡島当別郵便局と合築、跨線橋設置

釜谷駅

渡島当別 ― 4.9km ― **釜谷** ― 3.1km ― 泉沢

平成 26 年

昭和 54 年

平成 14 年
M.A

所在地	上磯郡木古内町字釜谷鉄道用地
駅名	アイヌ語の「オ・カマヤ・ウン・ペッ」（川口に平たい岩のある川）に由来。谷元旦の書いた「蝦夷紀行」に、この地に板流川という川があって、川底に大石があり、それが板のようであったと記している。
開業	昭和5（1930）年10月25日
ホーム数	2面2線
営業キロ数	五稜郭駅から27.5km
昭和 5（1930）年10月25日	上磯線上磯～木古内間開通と同時に開業する
昭和45（1970）年12月12日	貨物取扱廃止、旅客駅となる（駅員無配置）
昭和61（1986）年12月23日	貨車を改造した駅舎を設置
昭和63（1988）年	跨線橋が設置される

釜谷駅は昭和 5（1930）年に開業した。現在の車両をリサイクルした駅舎は昭和 61（1986）年に新設された。2 面 2 線。片面ホームの駅であったが、津軽海峡線の開業に伴う列車の増発で列車の行き違い設備が新設された。管理委託駅で、舎内も綺麗な飾りで装飾されている。日曜・祝日を除くと切符も販売している。

釜谷駅のホーム南側からは家と家の間から海が見える。夏になると海水浴客も利用する。近くには釜谷漁港がある。

釜谷駅から泉沢駅に向かう途中、列車はサラキ岬付近を通過する。サラキ岬沖は明治 4（1871）年に咸臨丸が座礁沈没した最期の地。咸臨丸は幕末の軍艦で、勝海舟らを乗せて太平洋を往復した。維新後は北海道に移民を運ぶ輸送船となったが、サラキ岬沖で座礁、沈没し、船体は今もそこに沈んでいるとされる。

泉沢駅

釜谷 3.1km 泉沢 3.4km 札苅

平成 14 年　M.A

所在地	上磯郡木古内町字泉沢鉄道用地
駅名	むかしからきれいな泉が流れ出ていた沢があったので、こう呼ばれた。
開業	昭和5（1930）年10月25日
ホーム数	2面3線
営業キロ数	五稜郭駅から30.6km
昭和 5（1930）年10月25日	上磯線上磯～木古内間開通と同時に開業する
昭和45（1970）年12月12日	貨物の取扱が廃止、旅客駅となる（駅員無配置）
昭和57（1982）年	駅員無配置となる
昭和63（1988）年12月10日	駅舎改築、跨線橋設置

泉沢駅は昭和5（1930）年に開業した。昭和63（1988）年に改築された現在の駅舎は、津軽海峡を見下ろすところにホームがある。2面3線。同時期に改築された札苅駅舎とほとんど同じ形、色をしていて、外観はそっくりである。

昭和 54 年

満開のスイセンが乗降客を出迎える（平成 23 年）

泉沢駅は「花の駅」として知られている。駅舎の周りには駅長が育てた色とりどりの花が咲く。切符販売を委託されている元国鉄職員の山本金次郎さんが愛情を込めて花を育てて飾ったことから、「花の駅」の評判が広まった。花畑の光景が目を引き、撮影のために下車する客もいるようだ。

近くに泉沢漁港がある。

札苅駅

泉沢 3.4km 札苅 3.8km 木古内

平成 14 年　M.A

札苅駅は昭和5（1930）年に開業した。管理委託駅で切符も販売されている。2面2線。ホームには跨線橋がなく、構内の踏み切りを利用する。国鉄時代は片面ホームの駅であったが、津軽海峡線の開業に伴う列車の増発で列車の行き違い設備が新設された。

6月ころ札苅駅から国道228号に向かう長さ50メートルほどの細い道路の両脇はアルメリアで飾られ、ピンク一色に染まる。駅の近くに住む住民が20年以上手入れをしているという。

路線は札苅駅を出て、少しづつ海岸線を離れ、木古内駅に到着する。

華やかなアルメリアロード（平成 23 年）

昭和 54 年

所在地	上磯郡木古内町字札苅鉄道用地
駅名	アイヌ語の「シラッ・ツカリ」（岩礁の手前）から転かしたものである。
開業日	昭和5（1930）年10月25日
ホーム数	2面2線
営業キロ数	五稜郭駅から34.0km
昭和 5（1930）年10月25日	上磯線上磯～木古内間開通と同時に開業する
昭和45（1970）年12月12日	貨物取扱廃止、旅客駅となる（駅員無配置）
昭和63（1988）年12月10日	駅舎改築

江差線各駅停車Ⅱ (木古内駅～江差駅)

田畑栄市

地域の人々の生活を支え、沿線の町の発展を支えてきた江差線。多くの人に惜しまれながら、平成26（2014）年5月11日に鉄路78年の幕を閉じた。平成25（2013）年秋、紅葉に染まる江差線木古内～江差間を訪ね歩き、歴史に思いをめぐらせた。

木古内駅

札苅 3.8km 木古内 2.3km 渡島鶴岡

平成26年

江差線木古内～江差間の始発駅となる木古内駅は津軽海峡線と江差線の分岐駅である。廃止になった松前線の起点駅でもあった。木古内町は国鉄時代、駅のほか機関区支区と保線区も置かれた国鉄の町。以前は駅の周辺にも多くの鉄道マンが住んでいたが、昭和36（1961）年に機関区が廃止になり、昭和63（1988）年に松前線が廃止され、町内人口に占める鉄道マンの比率は下がった。

電化されたホームには特急列車、貨物列車も停車する。タイミングが良ければ、エンジン音が力強い「金太郎」をデザインした貨物機関車を見かけることも。旅行者、鉄道ファンにとっては目の前に嬉しい光景が広がる。

木古内駅は昭和5（1930）年に上磯～木古内間の上磯線の終着駅として開業した。現在の駅舎はトンガリ屋根で、3面5線に改築された橋上駅。木古内～江差間で唯一のキヨスクのほか、みどりの窓口、旅行相談所、飲料自動販売機などもある。駅員は終日配置され、旅行者には不便を欠かさない。

駅舎を正面からみると、壁面には「北の大地の始発駅」と大きな横看板。左手には佐女川神社の荒業「寒中みそぎ」の字体と行修者の絵が描かれている。壁面全体が観光案内の大看板のようだ。

木古内町は天保2（1831）年に始まった寒中みそぎ祭りの町として知られる。平成26（2014）年の祭りには、新人行修者4人のうちの1人として、JR北海道青函トンネル工務所木古内管理室に勤務する青森県出身の目時基史さんが選ばれた。寒中みそぎは、4人の行修者が1月13日から神社にこもり、裸で冷水を浴びる水ごりを重ねる祭り。3日目には別当、稲荷、山の神、弁財天の4体のご神体を1体ずつ抱いて海に飛び込み、海水でご神体を清めながら豊漁豊作を祈る。若者たちが水ごりで身を清める荒行は圧巻である。

駅前を出て右手には松前行きのバス停がある。駅の近

昭和 54 年

駅舎内（平成 14 年） M.A

所在地	上磯郡木古内町字本町
駅名	アイヌ語の「リコナイ」（高く昇る源）、または「リロナイ」（潮の差し入る川）から転化したものといわれるが、明治以前の文献には「リコナイ」の名は見当たらず、アイヌ語が転化されたか、もしくは「リロナイ」という説が有力。（「木古内町史」より）
開業	昭和5（1930）年10月25日
ホーム数	3面5線
営業キロ数	五稜郭駅から37.8km
昭和 5（1930）年10月25日	上磯線上磯―木古内間の開通と同時に開業になる。木古内駅に機関車駐泊所が設置される。
昭和10（1935）年12月10日	江差線が木古内駅から湯ノ岱駅（21.4キロ）まで延伸され開業。
昭和12（1937）年 3月10日	函館機関区木古内支区に昇格する。
10月12日	福山線が木古内駅から基盤坂駅（後の千軒駅）まで開業。
昭和28（1953）年11月 8日	木古内～松前間が全線開通。福山線を松前線に改称する。
昭和36（1961）年 8月 1日	函館機関区木古内支区が廃止になる。
昭和56（1981）年 8月10日	自動券売機が設置される。
昭和57（1982）年11月15日	貨物の取り扱いが廃止になり、旅客駅となる。
昭和60（1985）年 3月14日	荷物の取り扱い廃止になる。
昭和62（1987）年 3月16日	トンガリ屋根2階建ての橋上駅に改築される。
4月 1日	国鉄分割民営化によって、JR北海道に継承される。
昭和63（1988）年 2月 1日	松前線木古内駅～松前駅間が廃止になる。
3月13日	海峡線が開業する。五稜郭駅～木古内駅間が電化。
平成 2（1990）年 9月 1日	木古内駅～江差駅間がワンマン運転化。
平成 5（1993）年10月 1日	函館駅～木古内駅間がワンマン運転化。
平成28（2016）年 3月	北海道新幹線開業予定。

平成 24 年

平成 26 年

くでは、平成 28（2016）年の北海道新幹線の開業に向け、新幹線駅の工事が真っ盛り。構内の光景も一変した。駅前通りでは、店舗の移転、新築工事が進む。開業直前には木古内駅南口に広域観光の拠点施設として「観光交流センター」がオープンする。

駅前の街並みを歩いて 10 分ほどで、津軽海峡を見渡す「みそぎ浜」に着く。鳥居が立って、佐女川神社由来の石碑と休憩所がある。みそぎ浜前を函館と松前、江差方面を結ぶ国道 228 号が通る。一面は雄大な津軽海峡、函館山、松前半島。地平線に青森県の下北半島が見え、そこを横切るフェリーや貨物船。その姿は昭和 63（1988）年に姿を消した青函連絡船と重なる。

木古内町在住の垂井隆一さんは「小さな町はどこも同じだが、子供も少ない。新幹線が来たら多くの観光客をどうやって木古内の町に降り立ってもらうかを考えないといけない。周辺の町が力を合わせてほしい」と話す。

木古内駅のホームに戻ると、大勢の人が列車を待っている。江差線の廃線を惜しんで、ひと目見ようと訪れた旅行客や鉄道ファンで賑わう。函館駅からきた列車に乗ると、座席はほぼ満員状態。ガラガラ列車といわれた木古内～江差間の江差線だが、まったくうそのようだ。今まであまり見られなかった光景だけに驚く。

現在、江差線には函館駅からの直通列車が 4 本、木古内始発は 2 本、利用客が多いため車両を増結し、ときには臨時列車が運行している。

列車は 4 番ホームから発車。電化された海峡線と分かれ、非電化区間に入るとスピードも落ちた。線路の継ぎ目から流れる音も「ガッタン・ゴットン」。いかにもローカル線の旅情をさそう。

のどかな水田地帯を走って 4 分。鶴岡農村公園の池の真上にある渡島鶴岡駅に到着する。

渡島鶴岡駅

木古内 2.3km 渡島鶴岡 3.1km 吉堀

平成25年　A.M

渡島鶴岡駅は昭和39（1964）年に開業した1面1線の無人駅。道路沿いに、小屋のような駅舎がポツンと設置されている。玄関先の赤い三角屋根と、白っぽく塗られた壁面が目立つ。窓が大きく、開放的な建物だ。駅に隣接する公園は鶴岡農村公園で、園内には水路、多目的広場、芝生広場などがあり、綺麗に整備されている。

駅名の鶴岡という地名は明治18（1885）年から明治19（1886）年にかけて、北門の警備・蝦夷地開拓のため、山形県鶴岡の庄内藩士105戸がこの地に入植したことに由来している。公園内には、庄内藩士上陸之地碑や開拓遺功碑もある。かつては多くの人が暮らしていた地域だが、現在は民家も少なくなり、56世帯117人を残すのみである。鶴岡小学校は児童の減少で、平成23（2011）年3月に閉校になった。児童たちが交代で日課のように清掃してきたという待合所には、彼らが残した日誌があり、やさしさと温かさが歴史を刻む。

駅のすぐ近くには、明治33（1900）年に創建された曹洞宗禅燈寺がある。禅燈寺は、山形県鶴岡市の禅宝寺の末寺として明治35（1902）年に本堂が建立された。山門には見事な木造の仁王像が2体安置され、本堂が離れ建つ。左右に金剛像が立つ木造2階建ての山門は道内では珍しく、町の観光名所の一つになっている。

もっと珍しいのは、境内を線路が横切るという風景である。禅燈寺の山門と本殿の間を列車が通過する。今日も鉄道ファン数人がカメラをかまえている。「この駅が開通する際、当時の住職さんが線路敷設の計画変更が困難ということを知り、英断を下した」と役場に勤務する浅見尚資さんから聞いた。現在の住職、好野秀哲さんは「廃線は寂しいが、鉄道遺産として鉄路を残し、観光に役立てれば」と期待を込める。

山すそを通過すると、黄色の駅舎が見えてきた。渡島鶴岡駅からわずか3.1km、5分で、吉堀駅に到着した。

ホーム（平成25年）　M.A

昭和54年

所在地	上磯郡木古内町字鶴岡鉄道用地
駅名	明治18（1885）年に山形の庄内藩士百五戸が入植してこの地を開き、開拓したことにちなんでいる。羽越本線や庄内交通に同名の駅があったため、国名の「渡島」をつけた。
開業	昭和39（1964）年12月30日
ホーム数	1面1線
営業キロ数	五稜郭駅から40.1km、木古内駅から2.3km
昭和11（1936）年11月10日	江差線開通後に宮越駅と同時に新設された。
昭和39（1964）年12月30日	開業になる。開業時から木古内駅管理の無人駅。
平成 元（1989）年12月 8日	駅舎が改築される。

吉堀駅

渡島鶴岡　3.1km　吉堀　13.2km　神明

平成 25 年　A.M

吉堀駅は昭和 10（1935）年に開業した。のどかな農村地帯に囲まれた一角に、貨物列車の車掌車を改造したという駅舎がひっそりと建つ。片面ホームのみ、1 面 1 線の無人駅。駅舎は錆びついているが、黄色が目立つ壁面に、グレーの横線が流れる。少し傾いた木柱に「よしぼり」の駅名が書かれている。利用客も少なく、ホームには草が散在して寂しいが、長年多くの人の生活に欠かせなかった。

駅周辺に民家は少ないが、水田が広がる農業地帯に、21 世帯 33 人が暮らしている。かつては近くに保線区もあって、昭和 57（1982）年までは、木造駅舎に 2 人の駅員が勤務していた。駅前にも商店や民家が並び、賑わっていたという。

列車は隣の神明駅に向かって発車する。吉堀駅までが木古内町の所在で、次の神明駅から上ノ国駅までは上ノ国町の所在となる。吉掘駅と神明駅の区間は江差線で最も長く、13.2km。道南の JR 路線で最も急勾配となる 25‰（パーミル）。1000m で 25m も登る急坂で、さらにトンネルをくぐる難所だ。

水田も遠のき、山間の狭い鉄路に入る。木々の小枝が手に届きそうなくらいに迫る。眼下には曲がりくねった小さな川が続く。車窓から見ると、まるで谷底のようだ。ディーゼルエンジンが一段と大きなうなり声をあげる。稲穂峠を昇るときの速度は 35km ほど。のらりくらりとカーブを曲がって、レールがきしむ音がする。車内にトンネルを知らせる汽笛の音が響く。

「支瓜第 1 トンネルは急坂のピーク」と運転士さんが言う。エンジンの音はフル回転。トンネルを抜けたと思ったら、またすぐに大きな汽笛。間もなく稲穂第 2 トンネルをくぐる。

吉掘駅から 22 分、神明駅に到着した。

昭和 54 年

平成 14 年　M.A

所在地	上磯郡木古内町字大川鉄道用地
駅名	駅付近の木古内川の川底には鮭がふかして川底にたくさんのホリ（サケやマスが産卵のため川底に掘った穴）があった。よいホリ場という意味で「よしぼり」と呼ぶようになった。
開業	昭和10（1935）年12月10日
ホーム数	1面1線
営業キロ数	五稜郭駅から43.2km、木古内駅から5.4km
昭和10（1935）年12月10日	上磯線木古内～湯ノ岱間の開通と同時に開業になり、旅客駅になる。
昭和49（1974）年10月 1日	貨物の取り扱いが廃止になる。
昭和57（1982）年11月15日	荷物の取り扱いが廃止となり、駅員無配置となる。
昭和61（1986）年12月23日	貨車を改造した駅舎が改築される。

神明駅

吉堀 13.2km 神明 2.8km 湯ノ岱

平成 25 年　　A.M

昭和 54 年

平成 25 年

渡島、檜山地方を分ける稲穂峠を越えた後に見えてくる神明駅。神明駅は鬱蒼とした雑木林に囲まれ、ひっそりとたたずむ。この地区に樺太引き揚げ者らが入植して 10 数年後の昭和 32（1957）年に開業した。駅の周辺は山林に囲まれ、駅前の一本道に沿って民家が点々と続き、17 世帯 31 人が暮らす。

1 面 1 線の無人駅。木造板張りの駅舎は、木の香りが鼻をくすぐり、昭和の匂いが漂う。ホームは厚い長尺の板が張りつめられ、なかには板を触って風合いを楽しむ人もいる。

神明地区は足早に冬が訪れる。駅灯に映える雪化粧の駅舎周辺は美しい「絵ハガキ」のようだ。

列車は神明駅を発車すると、天の川がかすかに見え隠れする。路線は道道 5 号沿いを走る。ゆるいカーブの森を抜けると、風景が変わり、多くの民家と湯ノ岱駅が見えてきた。

所在地	檜山郡上ノ国町字神明鉄道用地
駅名	駅の近くを流れる「神明の沢」にちなんでいる。
開業	昭和32（1957）年1月25日
ホーム数	1面1線
営業キロ数	五稜郭駅から56.4km、木古内駅から18.6km
昭和32（1957）年 1月25日	開業になる。開業時から駅員は無配置。

湯ノ岱駅

神明 ―2.8km― 湯ノ岱 ―7.1km― 宮越

平成 25 年　A.M

湯ノ岱駅は、昭和 10（1935）年に開業した。江差～木古内間の中間に位置し、この区間では唯一、すれ違いができる 1 面 2 線の有人駅である。現在の駅舎は平成元（1989）年に改築された山小屋風の建物である。ホームを乗り降りする際は、線路を渡る。駅前には多くの商店や民家が建ち並ぶ。近くには江差警察署湯ノ岱駐在所、上ノ国町役場湯ノ岱出張所や湯ノ岱小学校がある。周辺には 149 世帯 267 人が暮らしている。

天の川に架かる橋を渡ると、源泉の湯が人気の湯ノ岱温泉がある。18 世紀に仏像を彫りながら、道南各地を行脚した木喰上人も疲れをいやしたという湯治場で、町内外から湯治客や観光客が訪れる。入浴料は大人 350 円、子供 100 円。

昭和 54 年

スタフの受け渡し
（平成 16 年）

江差駅から折り返しの函館行きが入ってきた。江差行きと函館行きのホームの隣に停車。スタフと呼ばれる通行許可証の引き渡しに鉄道ファンが群がる。スタフを受けた列車が発車すると、ここから宮越駅までは江差線一番の景勝地。水田地帯は遠のき、天の川を蛇行して峡谷を走る。

車窓から見えるけわしい道路を横目に、列車は「ゴー」というエンジン音を響かせ、鉄橋を渡る。天の川に架かる二つの鉄橋は湯ノ岱駅側が第 1 天の川橋梁で、宮越駅側が第 2 天の川橋梁。天の川の蛇行と峡谷の美しさに、四季折々の情景が脳裏をかすめる。

春は、雪解け水が天の川を満たし、鉄橋を渡る汽車が新緑に映える。

夏は、車内に入る川風。短い夏を惜しむかのように、耳をすませばセミの声。

秋は、峡谷や周辺一面に、色とりどりに染めあげた紅葉。

冬は、外からの雪が窓をたたきつける。白い山肌の下を流れる天の川。寒ざむと凍る。

こんな情景が二度と見られなくなる。眼下には天の川が広がる。車窓に流れる江差線沿線一の絶景を 10 分ほど楽しむと、森を抜け宮越駅が近づいてきた。

所在地	檜山郡上ノ国町字湯ノ岱鉄道用地
駅名	駅付近の丘陵から鉱泉がわき出るので、「湯の岱」と呼んだことに由来。
開業	昭和10（1935）年12月10日
ホーム数	1面2線
営業キロ数	五稜郭駅から59.2km、木古内駅から21.4km
昭和10（1935）年12月10日	上磯線木古内～湯ノ岱間の開通と同時に開業になる。機関車転向給水所が設置される。
昭和57（1982）年11月15日	貨物の取り扱いが廃止となり、旅客駅となる。
昭和59（1984）年 2月 1日	荷物の取り扱いが廃止になる。
平成 元（1989）年12月25日	駅舎が改築される。
平成14（2002）年 3月18日	江差駅の管理駅となる。駅員はそのまま配置。

宮越駅

湯ノ岱 7.1km 宮越 2.2km 桂岡

みやこし

平成25年

平成25年　A.M

昭和54年

のどかな風景に溶けこむ宮越駅は昭和39（1964）年に開業した。開業当初から駅員のいない1面1線の無人駅である。道道と天の川に囲まれた明るく開けた水田地帯に、ポツンと小屋のような木造の駅舎が建つ。屋根は赤く壁面は板張りで、ホームへは小さな階段を上る。かつてはプレハブの小屋であったが、昭和61（1986）年ころに現在の駅が他の駅から移設された。

ホーム前の踏切は道道5号と集落を結ぶが、乗降客はほとんど見られない。駅舎周辺に架かる天の川の橋を渡ると、山沿いに28世帯52人が暮らす集落がある。西に宮越川が流れ字名を早瀬という。この辺一面の平野は上ノ国方面に広々と続く。

天の川は沿線途中から蛇行して徐々に遠のき、夷王山の麓方面に流れる。列車は道路と並行に走ってもなく、小さな山々の木々に囲まれた水田地帯に到着する。

所在地	檜山郡上ノ国町字早瀬鉄道用地
駅名	かつてこの地域から旧道を経て湯ノ岱へ行く途中、稲荷神社のそばを通って山越えしたことに由来。
開業	昭和39(1964)年12月30日
ホーム数	1面1線
営業キロ数	五稜郭駅から66.3km、木古内駅から28.5km
昭和39(1964)年12月30日	江差線開通後、渡島鶴岡駅と同時に新設され、開業となる。開業時から駅員無配置。
昭和61(1986)年ころ	開業時の駅舎はプレハブの小屋であったが、昭和61年ころに他駅から移設。昔はトイレもあった。

桂岡駅

宮越 2.2km 桂岡 2.1km 中須田

平成 25 年 A.M

桂岡駅は昭和 11（1936）年に開業した。駅舎は貨物列車の車掌車を改造した建物。青い屋根とかすれた青白の壁面はこげ茶色に錆びている。駅舎内も長椅子があるだけで寂しそうだが、長年多くの人に親しまれた。1 面 1 線の無人駅。駅前には商店や民家が建ち並び、道道 5 号が走る。周辺には、79 世帯 176 人が暮らしている。

現在、1 日の利用者数は数人程度。かつて桂岡駅近くに鉄鉱石やガラス原料などの重晶石を産出する鉱山が 2 カ所あった。最盛期はマンガンの上ノ国駅よりも貨物取扱量は多かったそうだが、昭和 50（1975）年に貨物扱い駅の役目を終えた。その当時は 1 面 2 線であった。現在も使われなくなった貨物列車の側線が草に埋もれ、その名残をとどめる。

桂岡駅を利用し、現在は江差町在住の小梅洋子さんは「SL の汽笛を時計がわりにして、寝たり起きたりしていた。子どもにとっての駅はたまり場。パッチやあやとりで遊び、ときには危ないと知りながらも線路に耳をつけて汽車の音を聞いた。江差高校に通学していたころは、冬は汽車が遅れるから、待ち時間に男性は相撲をとったり、女性は足ぶみしたり、手にフウフウ息を吹きかけ暖めた」と懐かしむ。

所在地	檜山郡上ノ国町字桂岡鉄道用地
駅名	この地域にカツラの大樹があった。むかしこの地方一帯が大洪水に見舞われた際に、この木を境にして難を免れたことから、地域の人々はカツラの木を土地の守り神として崇めるようになった。この木にちなんで「桂岡」と名付けられた。
開業	昭和11（1936）年11月10日
ホーム数	1面1線
営業キロ数	五稜郭駅から68.5km、木古内駅から30.7km
昭和11（1936）年11月10日	湯ノ岱～江差間の開通と同時に開業となる。
昭和50（1975）年 2月 7日	貨物の取り扱いが廃止となり、旅客駅となる。
昭和57（1982）年11月15日	荷物の取り扱いが廃止となる。駅員無人で民間委託となる。
昭和61（1986）年12月23日	貨車を改造した駅舎に改築される。
平成 4（1992）年 4月 1日	民間委託廃止、完全無人化。

桂岡駅を発車すると、水田地帯を走る。急なカーブや坂もない。小高い神社を過ぎると、廃校になった河北中学校の跡地が見える。ここから中須田駅への路線は一直線。広い水田のどまんなかを走るレールの奏でる音も軽快だ。鉄路沿いの校舎に「ありがとう江差線」と別れを惜しむ手づくりの横断幕を掲げた河北小学校前の踏切を通過すると、中須田駅が見えてきた。

平成 25 年 A.M

昭和 54 年

中須田駅

桂岡 2.1km 中須田 3.2km 上ノ国

平成 19 年　M.A

列車は中須田駅に到着する。駅周辺の農道沿いに野菜ハウスが数棟見える。周辺は広大な水田地帯だ。遠方には夷王山に寄り添い小高い峰々が連なる。

中須田駅は昭和 30（1955）年に開業した。駅舎は桂岡駅と同じく、貨物列車の車掌車を改造したもの。開業当初から駅員がいない 1 面 1 線の無人駅である。三色のデザインはユニークだが、この辺りは冬になると、日本海からの地吹雪で吹きさらしの強い地帯。この駅が多くの人々を守ってきた。

中須田地区は、列車が走ってきた河北小学校の周辺が中心。中須田郵便局、中須田駐在所、河北保育所などの辺りに民家が集中する。水田地帯を挟んだ集落は広く、221 世帯 487 人が暮らしている。

江差線が全線開通した当時、中須田駅はなかったため、この辺りの住民は列車の乗り降りする際は桂岡駅を利用した。年寄りや子どもは馬車で移動し、大半の人は少しでも早くと田んぼの畔《あぜ》を渡って線路を歩いた。

ホーム（平成 25 年）

昭和 54 年

戦後になって、地域住民が道や国鉄に駅の新設を陳情。ようやく認可され、昭和 23（1948）年に住民総出で、木造の乗降場を手づくりでこしらえた。中須田在住の金子鶴雄さんは、18 歳の頃に労力を奉仕した一人だ。「大人にあっちに行け、こっちに行けといわれた。土や砂利は馬車で運ぶ。ホームの土盛りはモッコや手製の入れ物で二人がかりだった。土を固めるのは手製の土たたき、両手で持ち上げて強く打つ。汽車がくるんだから、誰ひとり文句も言わないで働いた」と金子さんは笑う。

ホームは一ヶ月半ほどで敷かれ、同時に寝泊まりのできる木造駅舎も完成したという。当初、駅は仮乗降場で、一部の列車が停車する程度だったが、昭和 30（1955）年にようやく駅に昇格。中須田の田畑勝郎さんは、国鉄民営化時代、駅舎に寝泊まりしながら、切符を販売していたという。昭和 61（1986）年に旧駅舎が取り壊され、現在の貨車を改造した駅舎が設置された。

列車は見渡す限りの水田地帯を、大きな弧を描きながら進む。やがて上ノ国市街地が見え、上ノ国高校を経て、上ノ国駅に到着した。上ノ国町所在の神明駅から 5 つの駅を停車して 17.4km。年配の男性二人。待合室を通らず低い土盛りのホームを下りる。勝手を知った地元の人だろう。空き地に女性が車で待っていた。

所在地	檜山郡上ノ国町字中須田鉄道用地
駅名	この地域の地名「中須田」からとった。
開業	昭和30（1955）年3月5日
ホーム数	1面1線
営業キロ数	五稜郭駅から70.6km、木古内駅から32.8km
昭和23（1948）年ころ	中須田地区住民の仮乗降場として、駅舎とホームが設置される。当初は仮乗降場として開業。後に駅に昇格するも、駅員無配置。
昭和30（1955）年 3月 5日	開業になる。
昭和36（1961）年 1月から 昭和48（1973）年 8月まで	民間委託で住み込み、切符の販売、駅舎を管理する。
昭和61（1986）年12月23日	木造駅舎を取り壊され、貨車を改造した駅舎が設置される。

上ノ国駅

中須田 ─ 3.2km ─ 上ノ国 ─ 6.1km ─ 江差

平成 26 年

昭和 58 年

平成 25 年　A.M

上ノ国は数多くの史跡が残る歴史ある町。北方交易の拠点としても栄えた。上ノ国駅はそんな歴史的背景をイメージした風格ある和風づくりが特徴である。開業は昭和11（1936）年。1面1線の無人駅で、ホームに出ると、対面にもう1面ホームが残っているが、これは旧上り線ホーム跡で、現在も線路がそのまま残されている。

上ノ国町商工会事務所と併設されている待合室には観光案内所もあり、町内の特産物や、史跡名称のパンフレット、駅スタンプなども置かれている。国鉄末期までは、駅員も複数勤務していたが、現在切符は販売していない。平成7（1995）年に簡易委託も廃止された。

上ノ国駅は鉄道ファンの間では、「道内最西端の駅」として知られる。「道内最西端の駅」は、昭和62（1987）年3月までは瀬棚線瀬棚駅、昭和63（1988）年1月までは松前線松前駅だったが、ともに廃線となり、以降上ノ国駅が最西端の駅となった。江差線廃線後は、函館本線鷲ノ巣駅が最西端の駅になる。

上ノ国駅は戦後、鉱山の町の駅として発展してきた。昭和61（1986）年までは上ノ国町南部の中外鉱山で産出されるマンガンの積み出し基地としてにぎわった。駅周辺には鉱山を運ぶターミナルや関連会社が集中した。駅は通勤や、通学に利用する客でごったがえし、列車内はいつも満員だった。昭和36（1961）年の乗降客数は約31万5千人だったが、現在の1日の利用客は10人にも満たない。

現在、駅の所在地である大留地区には、551世帯1209人が暮らしている。駅前は上ノ国〜木古内間の道道5号と、松前、函館方面への国道228号線の分岐点となる。かつては江差から松前までを結ぶ直通のバスがあったが、利用客が少なくなり、廃止された。

駅周辺はショッピングセンター、商店、旅館や多くの飲食店が並ぶ商業地である。駅前から国道を10分ほど歩くと、広い土地に威風堂々の上ノ国町役場、隣接して町民体育館や福祉施設。天の川沿いには上ノ国小学校など、公共施設が建ち並ぶ。

天の川の橋を渡ると、公園のほとりに町直営の「花沢温泉」があり、町民に人気の湯だ。入浴料は大人200円・子ども100円。

上ノ国町は「北海道和人文化発祥の地」として、北の中世が色濃く残る町である。松前藩の祖、武田信広を祀る夷王山からは、奥尻島、松前大島の雄大な日本海が一望できる。近くには江差市街地とかもめ島。遠くには檜山沿岸の山々が続く。天の川が日本海に注ぐ周辺は、北海道最古の「上国寺」や、ニシン場の「旧笹浪家」などが、長年の歴史をとどめる。

列車は中世のロマンあふれる上ノ国駅を発車。天の川から延々と続く前浜を走ること数分。上ノ国町に別れを告げて、左に日本海が見えてきて、江差の町に入る。地平線に消えた夕陽に反射して黄金色に輝く日本海。奥尻島も見え、心がなごむ。

江差の町はずれ椴川の集落を抜け、鉄橋を渡ると、江差のシンボル「かもめ島」が見えてきた。江差育ちで遠く離れて暮らす人は、かもめ島を見て、「ようやく江差に帰ってきた」ことを実感する。

五勝手の集落と港を眼下に、町民運動公園付近にくると、ディーゼルエンジンの音が大きくなる。江差駅も近い。列車は急坂をゆっくりと駆け上がる。車内のチャイムが「まもなく終点江差です」と告げる。団地住宅、南が丘小学校、八大龍王神の大鳥居を過ぎて、海岸の段丘上にある江差駅に到着する。

木古内駅から42.1km。1時間10分。野山を越え、トンネルをくぐり、鉄橋を渡った。まるで鉄道唱歌のような江差線の旅は終わった。

所在地	檜山郡上ノ国町字大留鉄道用地
駅名	応永年間（1394〜1427年）津軽安東氏の一族が下国、湊の2家に分かれ、湊家は上国と称した。その後安東家は北海道に渡り、下国氏は茂辺地に居城をかまえたのに対し、上国氏はこの地に居城をかまえたので「上ノ国」と称するようになった。
開業	昭和11（1936）年11月10日
ホーム数	1面1線
営業キロ数	五稜郭駅から73.8km、木古内駅から36.0km
昭和11（1936）年11月10日	湯ノ岱〜江差間の開通と同時に開業。
昭和52（1977）年11月19日	業務委託駅となる。
昭和57（1982）年11月15日	貨物の取り扱いが廃止になる。
昭和60（1985）年 3月14日	荷物の取り扱いが廃止になる。
昭和61（1986）年11月 1日	民間に委託され、無人駅になる。
平成 4（1992）年 1月10日	商工会、観光案内所との複合駅舎に改築される。
平成 7（1995）年	民間委託が廃止され、完全無人駅となり江差駅が管理するようになる。

江差駅

上ノ国 ― 6.1km ― 江差

平成 25 年

江差駅に到着すると、駅長の下里聡さんが「ご苦労さんでした。今日も混んでるね」と笑顔で出迎えてくれた。

江差は江戸時代に、日本海航路の北前船によるヒノキ、ニシンの交易で繁栄した。松前が政治の城下町であったとすれば、江差は商業の町だった。人口も3万人を超え、ニシン漁が盛んだった18世紀中ごろは、回船問屋や土蔵が軒を連ね、「江差の五月は江戸にもない」と歌われた。「江差追分」をはじめ、北海道文化財として郷土芸能が数多く、伝承・保存されている。「いにしえ街道」には往時の隆盛を極めた問屋蔵・商家・町屋・社寺が海岸沿いに続き、残されている。

江差町は北海道桧山振興局（旧檜山支庁）の所在地で、官庁の町でもある。江差駅は転勤の人、子どもの就職、都会に帰る家族連れなど、人々の出会いと別れのドラマが折り重なる場でもあった。

現在の駅周辺は静かな住宅地で、市街地とやや離れた南側に位置する。かつて駅前周辺は旅館、飲食店、商店や日本通運などがあって、多くの人で大変な賑わいだった。現在、その面影は江差運送を残すのみである。駅所在の陣屋町には団地住宅も造成され、269世帯567人が暮らしている。

江差駅は、昭和11（1936）年に開業。現在のコンクリート駅舎は昭和50（1975）年に改築された建物である。1面1線の有人駅。ホーム正面には「北海道の星 追分流れロマンのまち江差」という看板がある。現在は使われてない改札口を通ると、市街地や熊石町方面へと向かうバス停がある。函館方面へのバスは、駅舎反対側の団地を経由する。待合室には町の特産物や観光パンフレット、スタンプ台が置かれている。みどりの窓口は営業しているが、改札業務はしていない。

平成24（2012）年9月3日にJR北海道は、江差線の廃止を発表。廃止が決まった後は多くの鉄道ファンが訪れ、待合室の大量の観光パンフレットは数日でなくなるほどの人気ぶり。窓口にも記念切符を買い求める多くの客が並んでいる。

それまでの江差駅の1日平均の利用客は30人。廃線ブームに沸き、通常の6往復に加えて、車両の増結や臨時列車を運行。平成25（2013）年4月から平成26（2014）年1月初旬までの乗降客数は4万4千人に増え、ピーク時は1日350人が下車した。

駅は平常一人勤務だが、連休、週末には駅長さんのほかに水野尚己さんが駅員として加わる二人体制となる。昼ごはんも満足に食べられない盛況ぶりだそうだ。一方、鉄道ファンの多くは、道南有数の観光地　江差を見ないまま、次の列車でトンボ帰り。列車到着時、タクシーも待つが、運転手さんは「市街地に出て散策する客や泊り客も少ない」と嘆く。駅舎前のゆるキャラの「しげっち」も心なしか寂しそうだ。

江差線のSL貨物は気動車に代わり、昭和48（1973）年に消え去った。下里駅長が駅舎改築時の平面図を見せ

駅前　平成25年

昭和11年

昭和54年

てくれた。駅構内には多くの線路が引かれている。線路の名称は記載されていない。駅長さんの臆測によれば、側線２本、本線１本、引上げ線２本、貨物線２本。実に７線が敷設されている。SLの時代、転車台、給水タンク、駅員専用の入浴場は記憶にあるが、こんなに多くの線路が敷設されていたのだと驚く。江差駅は、駅舎改築後、７年過ぎた昭和57（1982）年に貨物の取り扱いを廃止している。それゆえ、開業時から撤去されず残されていた線路と推測される。

昭和30年代後半から昭和50年代前半、江差駅は乗降客で賑わった。函館～江差間を準急「えさし」が運行。その後、準急「おくしり」「ひやま」も運行になり、名称も「えさし」に統一され、昭和43（1968）年には急行「えさし」に昇格。江差駅改築時には記念切符も発売。急行券300円だった。この当時は、駅舎に売店もあり、発車時には駅弁の売人が「弁当～弁当」とせわしげに動きまわっていた。次第に車社会を迎え乗降客も減少。急行「えさし」も昭和55（1980）年に廃止になった。

平成28（2016）年に、北海道新幹線が開業する。木

所在地	檜山郡江差町字陣屋町231
駅名	アイヌ地名の「岬の突き出たところ」が由来。
開業	昭和11（1936）年11月10日
ホーム数	1面1線
営業キロ数	五稜郭駅から79.9km、木古内駅から42.1km
昭和11（1936）年11月10日	湯ノ岱～江差間の開通と同時に開業になる。機関車駐泊所が設置される。転車台、給水所を備えた1面7線（推定）の旅客駅、貨物取り扱い駅として開業する。
	江差線五稜郭～江差間開通により、上磯線が江差線に改称される。
昭和26（1951）年 8月25日	江差の機関車駐泊所が廃止される。
昭和35（1960）年10月 1日	函館駅～江差駅間を臨時列車として準急「えさし」を1両編成で運行。
昭和36（1961）年10月 1日	準急「えさし」が定期列車になる。
昭和38（1963）年12月 1日	函館駅～江差駅間に準急「おくしり」「ひやま」が運行。
昭和41（1966）年10月 1日	準急の名称を「えさし」に統一する。
昭和42（1967）年10月 1日	「えさし」上り3号は1両編成、上り1号（松前行きを併結）は3両、他は2両で運行。
昭和43（1968）年10月 1日	「えさし」が急行に昇格。
昭和47（1972）年 3月15日	「えさし」が1往復減便、2往復2両の運行になる。
昭和48（1973）年10月 1日	「えさし」の下り1本減便。上り函館行き2本、下り江差行き1本のみの運行。上り1号は松前行きを併結し3両、他は2両編成になる。
昭和50（1975）年12月11日	開業当時の木造駅舎が横長の鉄筋コンクリート（300㎡）駅舎に改築される。改築記念に発掘調査中の「開陽丸」をカットに「急行券300円」を発売。
昭和55（1980）年10月 1日	急行「えさし」が廃止になる。急行「えさし」廃止時の停車駅は、函館駅、上磯駅、木古内駅、上ノ国駅、江差駅。
昭和56（1981）年 7月 1日	自動券売機が設置される。
昭和57（1982）年11月15日	貨物の取り扱いが廃止になり、旅客駅となる。
昭和60（1985）年 3月14日	荷物の取り扱いが廃止になる。
昭和61（1986）年 4月 1日	直営売店が設置される。
昭和62（1987）年 4月 1日	国鉄分割民営化によりJR北海道に継承。
平成 2（1990）年 9月 1日	木古内～江差間がワンマン化される。
平成 8（1996）年11月 9日	江差線開業60周年を記念し、函館駅で出発式セレモニーが行われる。特別仕様のお座敷列車が函館駅～江差駅を往復運行する。
平成24（2012）年 9月 3日	JR北海道が江差線木古内～江差間の廃止を発表する。
平成25（2013）年 3月28日	沿線3町（木古内町・上ノ国町・江差町）が江差線の廃止、バス転換に同意する。
10月13日	江差町民有志がありがとう江差線「福祉の集いふれあいローカル江差線の旅」を企画。臨時列車2両で江差～木古内間を往復する。
平成26（2014）年 5月11日	江差線木古内～江差間が最終運行となり、廃線となる。

古内町～江差町間は、鉄路からバス路線に代わる。そんななか、観光客、旅行客をどうやって江差町まで誘致するか。「ホテルニューえさし」の八十科聰さんは「夏は本州から江差への観光客は増えるだろう。ただ、木古内から江差までのバス路線は道路も狭く、積雪も多い。冬はバスが平常通り運行できるのか心配だ。函館、松前とも連携、国道を走る道南観光周旅バスツアーなど、充実、発展を図ったまちづくりが急がれる」と、期待と不安を語る。江差町に住む多くの人たちの共通した想いだろう。

戦前、戦後の長い歴史を経て、江差線沿線には四季を通じて、人それぞれの人間模様と思い出がいっぱい詰まっている。さみしい思いだが、5月11日に鉄路78年の幕を閉じる。

「ありがとう江差線…いつまでも忘れない」

みそぎ浜からの風景

木古内駅から徒歩10分、木古内町のみそぎ浜からは近隣の町がはっきりと見渡せる。左手の函館方面を望むと、「函館山」が太平洋に浮かんでいるように見える。その背後には汐首岬と小高い山々が連なり、「活火山恵山」へと続く半島が見える。天気のよい日は、青森県の下北半島を見渡すことができる

すぐ近くには、美しくそびえる「丸山」。丸山は青函航路のフェリーからも際立って目立つ。すそ野の海沿いに江差線渡島当別駅があって、トラピスト修道院の最寄り駅となる。

歌謡界の国民的大スターであった歌手、「三橋美智也」は北斗市の出身である。北斗市に置かれる北海道新幹線の新駅には「三橋美智也生誕の地」石碑の建立や「三橋美智也記念館」などが検討されている。北斗市在住の山下勇吉さんは「みちや会道南支部」を結成。北海道新幹線開業時には北斗市で三橋美智也の全国カラオケ大会を開催したいと、その準備に追われている。

みそぎ浜から右手、函館方面とは反対の松前方向を望むと、火力発電所の白煙が立ち登る知内町。知内町は、北海道最古と言われる知内温泉、カキやニラの里として知られている。知内町は歌謡界の大御所「北島三郎」の出身地としても有名である。松前半島の海岸線を通る国道228号は知内町から隣りの福島町にかけては内陸を走る。山間部には高い山が連なる。

福島町は世界的な大事業「青函トンネル」と千代の山、千代の富士と二人の横綱を輩出した町としても知られる。それぞれの記念館がある。国道228号をさらに松前方面へ走ると、白神岬の白い灯台が見える。ここからは青森県の竜飛岬がよく見える。

みそぎ浜の毛あらし

海岸沿いの国道を走って松前町に入る。松前町は江戸時代に北海道唯一の藩が置かれた最北の城下町。松前城、寺町、松前藩屋敷周辺は、現在でも江戸時代に迷いこんだような気分を味わえる。松前城は約250種、1万本以上の桜が早咲き、中咲き、遅咲きと楽しめる北海道有数の名勝地で、「桜の里」としても知られる。桜が咲くころは大変な人出で賑わう。

松前町からは国道228号の日本海沿岸をたどると、上ノ国町、江差町方面に行ける。

かつての江差駅

江差駅から江差の中心街までは、徒歩で15分ほどかかる。

かつて昭和40年代頃まで、江差駅は多くの人で賑わった。江差駅は、江差高校への通学生や江差で働く通勤客、旅行客などで、1日の乗降客数が1000人を超える時代が長く続いた。混雑ぶりは昭和50年まで、旧駅舎の改札口に掲げていた「函館行」「改札口はこみあいますから2列にお並び下さい」と書かれた看板が物語っている。

今では信じがたいが、大勢の乗降客が押し寄せて、列車を定時発車させることが大変なくらいの混みようだった。貨物の大半を占めていた日本通運江差支店や江差運送が荷物の積み出しや取り出しを行う際は短い時間で慌ただしく作業をした。

駅前には商店街があり、たくさんの商店が建ち並んでいた。「日の出表藤商店」「かくはち食堂」「岩井商店」「さわだ食堂」「かなざわ菓子店」「磯野旅館」…。現在の高橋建材店の辺りには、江差駅の貨物を渡島、桧山管内の遠方まで運送した「日本通運江差支店」の事務所とトラックの駐車場があった。

駅近くには江差警察署の交番、江差営林署の官舎もあり、SL時代には江差駅構内には駅員官舎と専用の浴場も置かれた。現在昔日の面影を残すのは「江差運送」の建物ぐらい。全てが消えた。

当時の江差駅前の面影は消え去った。駅所在地の陣屋町は若い世代の住宅や町営住宅などの団地が造成され、269世帯567人が暮らしているが、その時代を知る人は少ない。

昭和40年代の江差駅

江差線　年表

明治23年 (1890)		北海道セメント（現在の太平洋セメント上磯工場）が設立される。
明治25年 (1892)		北海道セメントが上磯工場を建設。セメントの原料となる石灰石を運ぶ輸送手段として、馬車による輸送が始まる。
明治29年 (1896)		事業家の松前譲が函館～木古内～江差間の渡島鉄道株式会社の創立を企図し、鉄道期成会が設けられる。
明治37年 (1904)		函館～小樽間の函樽鉄道が開通する。幹線の整備が一段落すると、ほかの地域でも鉄道の建設を要望する声も高まり、明治末期には上磯村で上磯線建設期成の運動がおこる。 北海道セメントでは、軌道による馬車鉄道が開業する
明治42年 (1909)		上磯の人々の鉄道に関する関心が高まり、村会で「鉄道敷設に関する意見書」が採択され、村有地を鉄道用地として提供することが決議される。 上磯線の実地測量のために函館保線事務所の神谷常吉技師が派遣される。10月に測量を開始し、12月に測量が終了する。
明治43年 (1910)		軽便鉄道を敷設するための手続きについて記した「軽便鉄道法」が公布、施行され、上磯線は軽便方式で実施されることになる。
明治44年 (1911)	9月　1日	五稜郭駅が開業する。
明治45年 (1912)		上磯軽便線の着工が内定し、再度の実地測量が行われる。
大正元年 (1912)		上磯軽便線の工事が着工になる。
大正2年 (1913)	9月15日	上磯軽便線の全工事が終了し、五稜郭～上磯間（8.8キロ）が開通する。同時に、久根別駅、上磯駅が開業になる。
大正4年 (1915)	7月	北海道セメントが浅野セメントに吸収合併される。
大正11年 (1922)	9月　2日	上磯軽便線の名称が変更され、上磯線となる。
		浅野セメントの専用鉄道で電気機関車（EL）が導入される。電化されるまでの1年間は蒸気機関車が使用された。
大正13年 (1924)		木古内方面までの延長を求める声に後押しされ、木古内線の実測が始まる。
大正15年 (1926)	6月21日	七重浜駅が開業になる。
昭和2年 (1927)	8月	木古内線の実測が終了する。上磯～木古内間の路線を選定し、工区が三区に分けられ、10月から工事が開始される。
昭和5年 (1930)	4月　1日 10月25日	メートル法実施により営業規程が改正され、営業距離の単位がマイルからキロメートルに変更になる。 上磯線上磯駅～木古内駅間（29.0キロ）が延伸開通する。同時に、茂辺地駅、渡島当別駅、釜谷駅、泉沢駅、札苅駅、木古内駅が開業する。木古内駅に機関車駐泊所が設置される。
昭和6年 (1931)	6月　1日	上磯線の2等車連結が廃止される。
昭和7年 (1932)	7月22日	上磯線七重浜駅～久根別駅間に新七重浜仮乗降場が新設される。
昭和10年 (1935)	12月10日	上磯線木古内～湯ノ岱駅間（21.4キロ）が開通する。同時に、吉堀駅、湯ノ岱駅が開業する。 湯ノ岱駅に機関車転向給水所が設置される。 鉄道省から函館運輸事務所にガソリンカー運転の許可が出る。
昭和11年 (1936)	6月　1日 11月10日	函館～上磯間でガソリンカーの運転が開始される。 上磯線湯ノ岱～江差間（20.7キロ）が延伸され、江差線が全通する。同時に、桂岡駅、上ノ国駅、江差駅が開業する。江差駅に機関車駐泊所が設置される。
昭和12年 (1937)	3月10日 8月16日	木古内機関車駐泊所が木古内機関支区に昇格する。 新七重浜仮乗降場が廃止される。
昭和13年 (1938)	4月	戦時色が濃くなり始め、燃料の統制強化のためガソリンカーの運転が休止になる。
昭和17年 (1942)	4月	五稜郭機関車駐泊所が設置される。
昭和22年 (1947)		浅野セメントの社名が日本セメントに変更される。
昭和23年頃 (1948)		中須田仮乗降場が開業する。
昭和24年 (1949)	6月　1日	公共企業体日本国有鉄道が発足する。
昭和26年 (1951)		函館～上磯間にディーゼルカーを走らせようという声が高まる。
昭和27年 (1952)		ガソリンカーの復活を望む声が高まり、署名運動が行われる。
昭和28年 (1953)		松前線が全線開通する。
昭和29年 (1954)	9月26日	・函館港から貨車八両、客車四両に乗客乗員ら1334人を乗せた洞爺丸が、午後10時半ごろ七重浜で座礁・転覆する。（洞爺丸台風） ・函館～上磯間でディーゼルカーの運行が始まる

昭和30年(1955)	3月 5日	中須田仮乗降場が駅に昇格する。
昭和31年(1956)	10月 1日	清川口駅が開業する。
昭和32年(1957)	1月25日	神明駅が開業する。開業時から駅員は無配置。
昭和35年(1960)	10月 1日	函館駅～江差駅間で、臨時列車の準急「えさし」(1両編成)の運行が始まる。
昭和36年(1961)	10月 1日	準急「えさし」の運行が定期列車化される。
昭和38年(1963)	12月 1日	函館駅～江差駅間に準急「おくしり」「ひやま」の運行が始まる。函館駅～松前駅間に準急「松前」の運行が始まる。すべて1両編成。
昭和39年(1964)	12月30日	渡島鶴岡駅、宮越駅が開業する。
昭和41年(1966)	10月 1日	函館駅～江差駅間を運行する準急の名称が「えさし」に統一される。
昭和42年(1967)	10月 1日	準急「えさし」上り3号は1両編成、上り1号(松前行きを併設)は3両編成、ほかは2両編成となる。
昭和43年(1968)	10月 1日	準急「えさし」「松前」が急行列車に昇格する。
昭和47年(1972)	3月15日	急行「えさし」が1往復減便となり、2往復2両編成の運行になる。
昭和48年(1973)	10月 1日	・急行「えさし」の下りが1本減便される。上りは函館行きが2本、下りは江差行きが1本の運行となり、上りの1号は松前行きを併結し3両編成、ほかは2両編成となる。 ・日本セメントの輸送機関としてベルトコンベヤー輸送が加わる
昭和50年(1975)	12月11日	江差駅が鉄筋コンクリートに改築される。
昭和55年(1980)	10月 1日	急行「えさし」「松前」が廃止される。「えさし」廃止時の停車駅は、函館駅、上磯駅、木古内駅、上ノ国駅、江差駅。
昭和57年(1982)	11月15日	上磯駅～江差駅間の貨物営業が廃止になる。
昭和60年(1985)	3月14日	五稜郭駅～上磯駅間の貨物営業が廃止になる。
昭和61年(1986)	8月21日 11月 1日 12月 1日 12月23日	江差線五稜郭～七重浜間に国鉄青函局管内最長の(1本1525メートル)ロングレールが設置される。 東久根別臨時乗降場が開業する。 七重浜駅が改築され、渡島管内初の橋上駅となる。 吉堀駅、桂岡駅、中須田駅に貨車を改造した駅舎を設置する。
昭和61(1986)年から平成10(1998)年頃まで、函館駅～上磯駅間に普通列車「わくわく号」が運行される。		
昭和62年(1987)	3月16日 4月 1日 4月 1日 4月	木古内駅がトンガリ屋根2階建ての橋上駅に改築される。 国鉄分割民営化に伴い、JR北海道旅客鉄道が発足する。 東久根別臨時乗降場が東久根別駅に昇格する。 五稜郭駅～木古内駅間を自動閉塞化。同時にCTC化される。
昭和63年(1988)	2月 3月 3月13日 12月10日	木古内駅～湯ノ岱間を特殊自動閉塞化(CTC化)。湯ノ岱～江差駅間をスタフ閉塞化。 青函トンネルが開通 海峡線が開業。五稜郭駅～木古内駅が電化され、3年ぶりに貨物営業を再開する。 茂辺地駅、泉沢駅、札苅駅が改築される。
平成元年(1989)	12月 8日	渡島鶴岡駅が改築される。 日本セメントで電気鉄道が廃止され、粘土輸送はトラック輸送になる。
平成2年(1990)	7月 1日 9月 1日	上磯駅～茂辺地駅間に矢不来信号場が開設される。 木古内駅～江差駅間でワンマン運転が始まる。乗降口は先頭車両の前乗り・前降りで、運転席前に電光料金掲示板と料金精算機、無人駅乗客には車内自動機が設置される。
平成4年(1992)	1月20日	全駅で改札鋏がハサミ式からスタンプ式に変わる。
平成5年(1993)	10月 1日	函館駅～木古内駅間でワンマン運転が開始になる。
平成7年(1995)	2月15日	清川口駅のホームが拡張する。
平成8年(1996)	11月 9日	江差線開業60周年記念式典が行われる。函館駅～江差駅間を特別仕様のお座敷列車が運行する。
平成11年(1999)	3月	キハ22型気動車の運行が終了する。
平成14年(2002)	3月18日	湯ノ岱駅が江差駅の管理駅となる。
平成24年(2012)	9月 3日 9月11日	JR北海道から江差線の廃止が発表される。 江差線泉沢駅付近で貨物列車が脱線し、上磯駅～木古内駅間は9月14日まで運休となる。
平成25年(2013)	3月28日 10月13日	木古内町、上ノ国町、江差町の沿線3町が、江差線廃止に同意を発表。木古内～江差間はバス路線に変更されることが決まる。 江差町民有志によってありがとう江差線「福祉の集い　ふれあいローカル江差線の旅」が企画され、臨時列車の2両編成で江差駅～木古内駅間を往復。
平成26年(2014)	5月11日	江差線木古内駅～江差駅間を最終運行し廃線となる。
平成28年(2016)	3月	北海道新幹線が開業予定。

主な参考文献

江差町史（江差町）
写真で見る江差町史（江差町）
上ノ国村史（上ノ国村）
続上ノ国村史（上ノ国村）
木古内町史（木古内町）
虻田町史（虻田町）
熊石町史（熊石町）
上磯町史（上磯町）
新撰北海道史（北海道）
上磯町史写真集　道程【みちのり】（上磯町）
北海道鉄道百年史　上・中・下（日本国有鉄道北海道総局）
道南鉄道100年史　遥【はるか】（JR北海道函館支社）
鉄道院「鉄道公報」1913年～1920年（鉄道院）
鉄道省「鉄道公報」1920年～1926年（鉄道省）
木古内線建設概要（鉄道省）
北海道鉄道管理局「局報」1913年～1919年（北海道鉄道管理局）
札幌鉄道管理局「局報」1919年～1920年（札幌鉄道管理局）
札幌鉄道局「局報」1920年～1926年（札幌鉄道局）
札幌工事局七十年史（日本国有鉄道札幌工事局）
時刻表　復刻版（日本交通公社）
北の大地を駆けた蒸機たち（JTBパブリッシング）
機関車製造台帳（沖田祐作）
日本鉄道旅行地図帳1号　北海道（新潮社）
歴史でめぐる鉄道全路線12函館本線ほか（朝日新聞出版）
週刊　JR全駅・全車両基地11函館駅ほか（朝日新聞出版）
停車場変遷大事典　国鉄・JR編（JTB）
函館・道南大事典（国書刊行会）
函館の路面電車100年（北海道新聞社）
鉄道アルバム　北海道の列車（北海道新聞社）
北海道鉄道駅大図鑑（北海道新聞社）
江差　街並み今・昔（北海道新聞社）
各駅停車　全国歴史散歩　北海道（河出書房新社）
国鉄の車両　北海道各線Ⅰ・Ⅱ（保育社）
全線全駅鉄道の旅　北海道2800キロ（小学館）
全線全駅鉄道の旅　北海道4000キロ（小学館）
秋田叢書別集　菅江真澄集（秋田叢書刊行會）
重要文化財　上國寺本堂保存孝治修理報告書
円空研究（人間の科学新社）
重要文化財旧笹浪家住宅（主屋・土蔵）保存修理報告書
史跡上之国勝山館跡内
米・文庫蔵組立復元工事報告書
北海道旧纂図絵
上ノ国町内遺跡発掘調査事業報告書Ⅳ
東北・アイヌ語地名の研究（草風館）
河野常吉著作集（北海道出版企画センター）
北海道の地名（北海道新聞社、草風館）
沈黙の中世（平凡社）
北方史資料集成（北海道出版企画センター）
アイヌ文化の成立と変容（岩田書院）
鉄道ジャーナル（成美堂出版）各号
鉄道ピクトリアル（電気車研究会）各号
鉄道ダイヤ情報（交通新聞社）各号
レイルマガジン（ネコパブリッシング）各号
鉄道ファン（交友社）各号
函館毎日新聞（函館毎日新聞社）各号
函館日日新聞（函館日日新聞社）各号
北海タイムス（北海タイムス）各号
北海道新聞（北海道新聞社）各号

取材協力

北海道檜山振興局、江差町、上ノ国町、木古内町、北斗市
ふれあいローカル江差線の旅実行委員会、函館市中央図書館、JR北海道函館支社、中外鉱業上国鉱山、太平洋セメント
蛎崎広誠、西川末広、植木伸一、片石明広、菊地勲、山下勇吉、垂井隆一、浅見尚資、金子鶴雄、八十科聰、下里聡、菱田繁樹、滝澤蓮、田中満朗、宮崎信裕、万年雅利、飯田富洋、川村秀明、出崎雄司、宮原浩

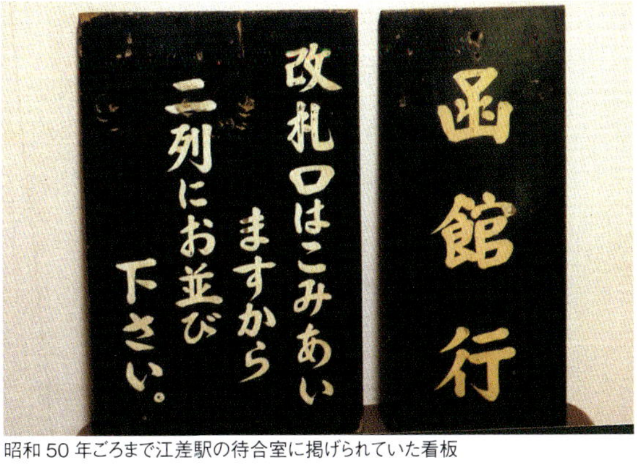

昭和50年ごろまで江差駅の待合室に掲げられていた看板

上ノ国駅周辺（昭和45年）　上ノ国町

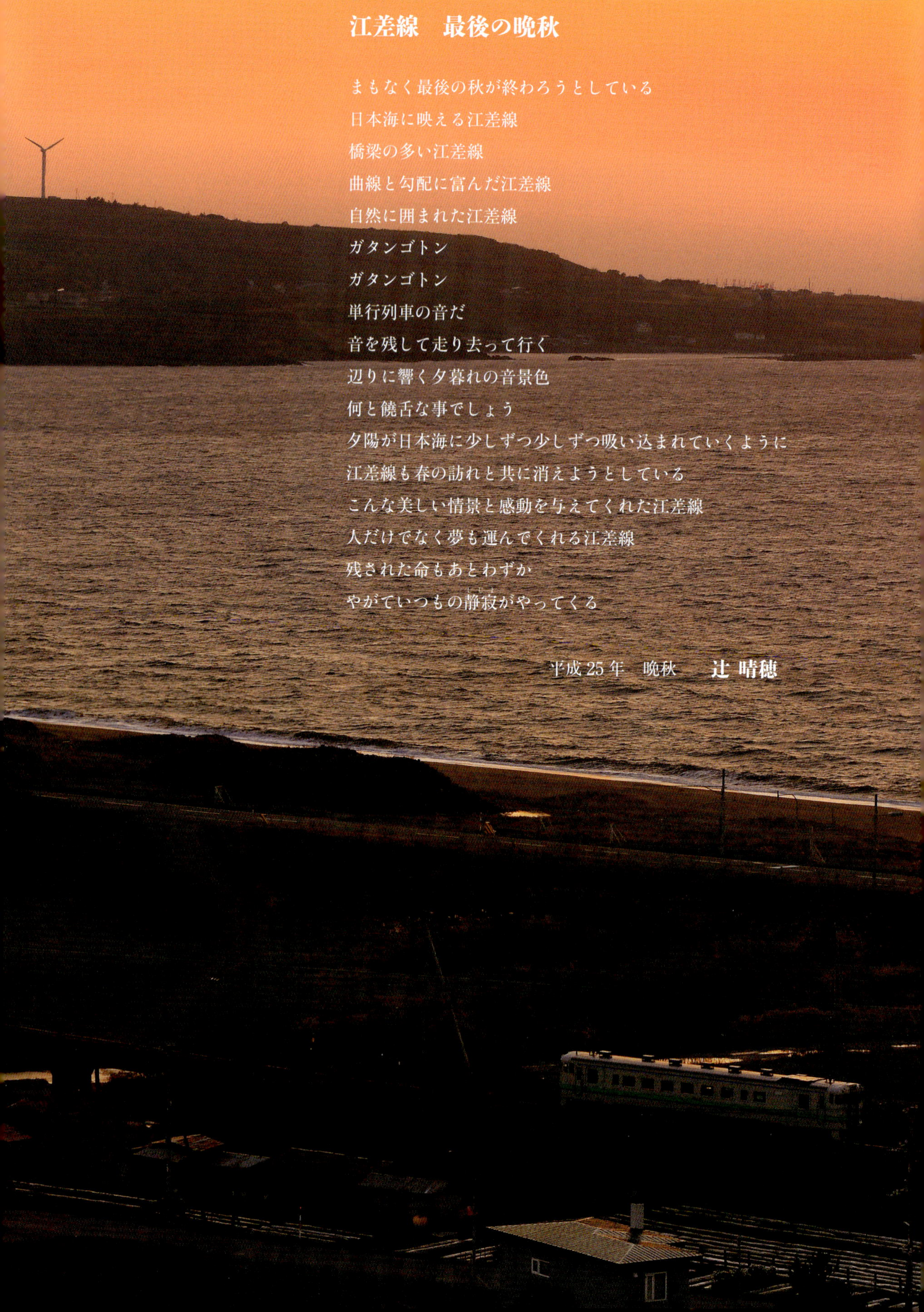

江差線　最後の晩秋

まもなく最後の秋が終わろうとしている
日本海に映える江差線
橋梁の多い江差線
曲線と勾配に富んだ江差線
自然に囲まれた江差線
ガタンゴトン
ガタンゴトン
単行列車の音だ
音を残して走り去って行く
辺りに響く夕暮れの音景色
何と饒舌な事でしょう
夕陽が日本海に少しずつ少しずつ吸い込まれていくように
江差線も春の訪れと共に消えようとしている
こんな美しい情景と感動を与えてくれた江差線
人だけでなく夢も運んでくれる江差線
残された命もあとわずか
やがていつもの静寂《しじま》がやってくる

平成25年　晩秋　**辻 晴穂**

上ノ国〜江差(平成 25 年)　T.H

[編者]

さよなら江差線編集委員会

[写真]

辻晴穂(T.H、表紙写真、裏表紙写真)
原田一夫(H.K)、原田伸一(H.S)
山本学(Y.M)、朝倉政雄(A.M)、長江郁孝(N.I)
小林重幸(K.S)、中村正勝(N.M)、本久公洋(M.A)
北海道新聞(守屋裕之、國政崇、岩崎勝、菊地賢洋)

[文章]

松村隆、田畑栄市、木村裕俊、星良助、松崎水穂、落合治彦、木元豊、イマイカツミ

[協力]

北海道新聞江差支局(町田瑞樹、山田一輝)、北海道新聞木古内支局(大塚保、菊池圭祐)
中尾仁彦

[デザイン]

佐々木正男(佐々木デザイン事務所)

[編集協力]

五十嵐裕揮(北海道新聞)

さよなら江差線

2014 年 6 月 21 日　初版第 1 刷発行

[編者]

さよなら江差線編集委員会

[発行者]

田村雄司

[発行所]

北海道新聞社

〒060-8711　札幌市中央区大通西 3 丁目 6
出版センター
編集 011-210-5742　営業 011-210-5744

[印刷]

アイワード

落丁本・乱丁本はお取り換えいたします

978-4-89453-743-9

湯ノ岱～宮越（平成25年）